UNE

CHATELAINE

DU 12ᵉ SIECLE,

NOUVELLE

PAR MADAME DE RANCHOUP.

PARIS,

MILLAUD, LIBRAIRE, QUAI VOLTAIRE, 11.

—

1834.

imposture! honteuse adulation! de par Dieu!
— L'arc de la gloire au-dessus de ce front
où le vrai français n'a jamais lu qu'infamie
et lâcheté !... Mes flagorneurs bons bour-
geois, que pourriez-vous élever maintenant à
la gloire du Napoléon qui vous visiterait ?...
Exhumeriez-vous cet arc de triomphe que
vous avez prostitué ? Vous en rougiriez!...

Que cet arc de triomphe pourrisse donc
sous la fange qui le couvre; — et criez : infamie ! à la main qui l'oserait secouer !..—Ce
doit être pour vous ce haillon, seule fortune
du sorcier, et que brûlait avec lui, sans
qu'une main d'homme osât y toucher, la justice des siècles derniers.

Du reste — abstraction faite de l'idée sym-
bolique attachée aux monumens de ce nom—
l'arc de triomphe de monsieur le secrétaire de
la mairie, est en tout point digne du héros qui
l'a fait ériger.—C'est assez clairement exprimer que l'esprit du lecteur ne doit point se
figurer cette masse architecturale de pierres
festonnées, que couronne une élégante cor

UNE CHATELAINE.

IMPRIMERIE DE COSSON,
Rue Saint-Germain-des-Prés, n° 9.

UNE

CHATELAINE

DU 12ᵉ SIECLE,

NOUVELLE

PAR MADAME DE RANCHOUP.

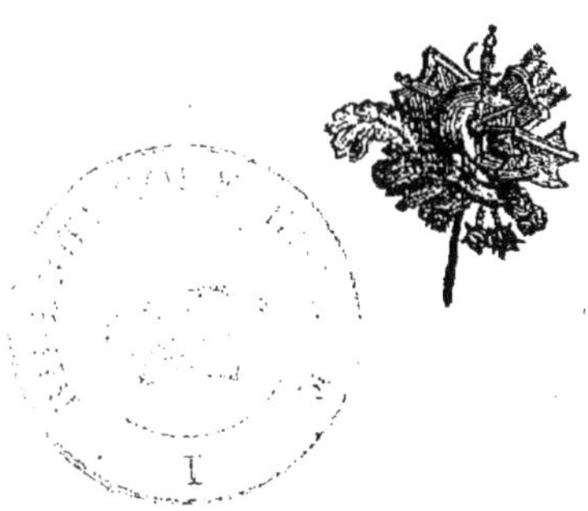

PARIS,

AILLAUD, LIBRAIRE, QUAI VOLTAIRE, 11.

—

1834.

UNE CHATELAINE

DU DOUZIÈME SIÈCLE.

Hauts barons et puissans seigneurs ,
furent d'antique tradition les barons de
Mexpres, aïeux de mon père. Hautain seigneur fut sa vie durant monseigneur mon
père. Quant à sa puissance.... des railleurs
mal disans et curieux des affaires d'autrui
soutenaient, en l'an onze cent quarante,
qu'elle était débile, voire finie, et mon-
traient en preuve de leur dire les limites

bornées de la seigneurie et les délabrures de notre manoir, témoignages indiscrets qui ne se pouvaient révoquer en doute.

Et par ainsi, desquatre amples tours qui, au temps passé, annonçaient à la banlieue la demeure d'un suzerain, une seule, d'assiette mieux solide, narguait la destruction. Ses trois sœurs, devalant lentement, et comme à regret, avaient en partie comblé les larges fossés, où l'on ne voyait plus de beaux cygnes blancs s'ébattant sur une eau limpide; mais dans la mare verdâtre sautillaient à leur bel aise des grenouilles coassantes et autres viles bestioles; le figuier au dense feuillage, et l'alizier, ami des décombres, étendaient leurs jeunes scions sur les bastions écroulés, sans craindre la serpe tranchante.

Des cavités des créneaux, d'où partait
autrefois le dard meurtrier, saillaient en
touffes, et comme des symboles de tran-
quille paix, des ronces flexibles enguirlan-
dées au lierre verdoyant, et des bouquets
de violier jaune, dont la tige menue, pour
croître, fleurir et embaumer d'un suave
parfum, ne veut qu'un peu de place entre
les pierres des ruines. La bruyère, le char-
don et autres plantes grossières, couvraient
les allées des superbes remparts, et ma-
riaient leur bigarrure au vert sombre des
massifs de pins qui d'eux-mêmes poussaient
çà et là. Les écureuils, à la mine éveillée,
venaient effrontément folâtrer à leur ombre; et le lièvre peureux broutait gaîment
le serpolet, où jadis de farouches soldats
faisaient de vigilantes rondes.

Le pont-levis ne se baissait plus au son

du cor du nain monté sur la tourelle à l'ap-
proche d'un illustre étranger ; on tintait
tant seulement le beffroi, et à ce son
bruyant le vieil gardien venait incontinent ouvrir la porte hospitalière au pélerin
dévot et guerrier, ou aux amis de mon
père lorsqu'ils venaient le visiter.

Mais, d'après mon devis, ne croyez cependant que le château de Mexpres soit un dé-
plaisant séjour. Placé sur la cîme d'un mont,
ses glorieux débris dominent un pays riant
et diversifié : à droite, est le Mexin couvert en toute saison de frimas glacés ; bien
au loin et tout à l'entour de Mexpres, de
gras pacages et de fertiles champs, qui
anciennement firent l'apanage de notre
maison. Il est vrai que mon père les vendit
lorsqu'il conduisit en Palestine, et à ses
frais, un bon nombre de chevaliers et

d'hommes d'armes, voulant coopérer ainsi
de son sang et de sa fortune à la délivrance
des saints lieux; mais il nous en resta la
vue, et je peux affirmer qu'il en est peu
d'aussi récréatives. Je ne dirai rien de l'intérieur pour n'être si minutieuse; je m'ar-
rêterai seulement à l'endroit de la salle
d'armes`, conservée avec respect et soins
religieux.

Entour de ses vastes parois on voyait
rangés avec symétrie et ordre les portraits
de mes ancêtres, et leurs armures soutenues
en trophée par leurs fortes lances qu'avait
toujours dirigées dans les combats fine
loyauté. Un écusson noir disait en belles
lettres d'or les vaillantises de ces preux, et
cette lecture donnait une noble émulation
aux jeunes damoisels désireux de courir les
hasards de la guerre : les épées et autres

pièces enlevées aux plus fameux du temps
ne laissaient point d'espace vide.

Ces choses diverses et toutes précieuses
n'étaient pas tant prisées par mon père,
que cinq bannières sarrasines appendues
au mitan de la voûte. Le souffle du vent
léger les déployait majestueusement quand
les vastes croisées s'ouvraient sur la cam-
pagne ; et, lorsqu'elles étaient fermées , le
soleil leur communiquait encore un air plus
solennel à travers les vitraux coloriés.
Mon père recevait en ce lieu les étrangers
qu'il voulait honorer.

Deux fois l'an on chômait au château
deux anniversaires, à savoir : l'un en com-
mémoration de la mort de madame ma
mère, au mois de février (ce jour se passait
en recueillement, dévotion et tristesse); et

l'autre au mois de juin, pour célébrer le retour de mon père, du pays de Syrie, lorsqu'il en rapporta trois des cinq bannières sus-mentionnées ; certes, il faisait beau voir arriver les convives pour la cérémonie, en laquelle se renouvelait le serment d'union fraternelle entre ces guerriers anciens, gloire de chevalerie, et tous compagnons d'armes en la guerre sainte.

De tous ces preux, le plus notable et le plus chèrement estimé par mon père se nommait sire de Gombault, seigneur de Pouvelle, surnommé le *Bon*, jà vieillard chenu. De Mexpres étant, on découvrait son magnifique château enceint par la Loire et ses nombreux villages peuplés d'heureux vassaux. Le long de la journée on voyait à Pouvelle l'activité du travail et l'abondance qui en est le fruit ; et, aux approches de

la nuit, le rustique flageolet, perçant l'air
d'un son aigu, retentissait dans le lointain
pour appeler les pastourelles à la danse et
le laboureur fatigué auprès de sa famille.
Les seuls mouvemens convoiteux que j'aie
surpris en mon respectable père, provenaient de la comparaison qu'il faisait des
chaumières éparses de Mexpres et de leurs
pauvres habitans. Les eusse faits aussi
contens, Dieu le sait, si n'eût été pour défendre sa cause, disait-il souventes fois.
Puis, ému de cœur et l'œil humide, il s'en
allait en la salle d'armes contempler les éten-
dards des infidèles, monumens d'une gloire
si chèrement achetée.

Ma mère, trop tôt désignée par la mort
(et moi jeunette ne pouvant connaître telle
irréparable perte), je restai sous le pouvoir
d'une gouvernante dont le nom était Alix, de

ma mère très-affectionnée, laquelle gouvernante fut chargée de me soigner. Monseigneur mon père, d'illustre mémoire, s'il en fut onc, mais point propre à éduquer une jeune fille (hors en bons exemples et préceptes), s'en commit à ma gouvernante; et celle-ci, d'un caractère vaniteux et fantasque, se vengeait méchamment sur moi de la contrainte qu'en d'autres points lui imposait mon père. Elle contre-carrait en toutes occasions les simples fantaisies de l'enfance de si facile satisfaction; et, pour me nuire encore plus, au lieu d'orner mon esprit de louables connaissances, non-seulement elle ne m'en donnait, mais m'empêchait de rien apprendre de moi-même, comme mon inclination naturelle m'y aurait portée, et voilà pourquoi j'étais si honteuse lorsqu'on m'interrogeait sur mon savoir, n'osant me plaindre à mon père, et me disculper du reproche d'obstination en une indolente paresse. De telle sorte m'atteignit ma dix-septième année aussi peu en avance pour mon instruction que si j'avais été extraite de basse lignée et non de haut parentage. Dame Alix me disait, touchant cela, que ce serait bien avisé à moi de ne hanter fêtes et tournois, parce que je n'avais en possession ni esprit ni beauté pour y briller.

D'après cela, on concevra mon ébahissement quand mon père m'avertit que je prendrais rang au banquet fraternel auquel je n'avais encore été admise, à cause de mon jeune âge. Cette nouvelle me saisit tellement que je ne pus répondre à mon père.

Et donc, ce que je sentais se composait de raisons diverses dont aucune n'était de

mince importance : la joie d'être affranchie
de l'autorité tyranne de ma gouvernante;
de voir ce monde que je ne connaissais
que par des notions trompeuses ; de véri-
fier si rien ne m'y ferait briller..... Ici, ma
conscience m'arrête. N'irai plus loin dans
le détour, et il faut que j'avoue que, quoi
qu'en eût pu dire dame Alix, n'avais nul
doute sur cela : vanité de fillette ne reste
en défaut, et tout accroissement avait pris
la mienne. Si je regardais les paysannes
agrestes, mon visage me semblait plus clair
que la lune en son plein; si c'était les traits
envieillis de dame Alix oints d'un vermil-
lon apprêté, merveilleux fard de belle nature colorait mes joues. Mais voilà qu'un
jour, pour plus de sûreté, je m'avisai d'une
finesse.

Parmi les portraits des nobles dames de

la maison de Mexpres ; un surtout était
désigné par mon père pour retracer la
vive ressemblance de la plus belle de son
temps. Un jour qu'il en devisait avec un
sien ami, celui-ci dit tout bas, et pourtant
l'entendis-je : — Quoique de différente
beauté, en sus sera votre Aloïze, et mon
père sourit en signal d'approbation. Depuis,
le désir de savoir cette différence me trot-
tait en la cervelle. Voyez donc comment
je fis : Je m'assis devant un miroir, en face
d'icelui, et derrière mon dos j'avais placé
la portraiture ; puis je la détaillai ainsi qu'il
suit : Les yeux de ma grand'tante étaient
noirs et vifs, les miens sont bleus, doux
et luisans ; s'ils paraissent plus étroits, la
coulpe en est à leurs paupières brunes, qui,
par mollesse, les ombrent à demi. Le nez de
ma grand'tante était droit et de nuance
tendre ; le mien a tout à point pareille

forme; il diffère seulement au bout, par cette empreinte légère qui descend en petit canal de lait. Semble avis, que Dieu créateur, le touchant du doigt, aye voulu dire : achève-la ; joli nez, une ligne de plus gâterait ta perfection. Pour la bouche, celle de ma grand'tante semble un boutonnet de rose à moitié ouvert. Ha! ha! la mienne a [plus grand espace...; mais elle elle est si ardente d'un beau vermeil; et sans y mal songer, laissant voir si gentiment et fines perles et corail... Pour le teint, s'il me prend fantaisie de comparer à mon front ou à mon col, ce bouquet d'églantier....., l'un paraît emprunté de l'autre.

Et les autres parties de ma personne, quoique outrageusement cachées par mes accoutremens bizarres, n'étaient aucunement en reste; et mon souple corsage, mignard en ses façons, se décelait malgré l'entêtement qu'avait dame Alix de m'habiller à son caprice.

Je peux parler de ces dons brillans et fragiles, aujourd'hui que mes longs cheveux sont devenus d'un blanc argenté, de blond doré qu'ils étaient, véritables filets de désirs d'amours... Mais la froide neige des ans n'a point filtré jusqu'en mon cœur. Je sens encore arder en lui le feu joyeux de la jeunesse, comme on le verra par cette vraie histoire ; et m'est avis que ce n'est pas une plume glacée qui saurait rendre avec naturel et charme les impressions vives et les riantes images du printemps de la vie.

Je remerciai donc le seigneur de Mexpres, et le suppliai de permettre que dame

Alix n'eût plus le choix de mes parures, et
que mes ajustemens fussent assortis à mon
âge. Se prit à sourire mon père, et me
baisant une et deux fois :

— Ne vous peinez pour ça, Aloïze ; car,
quoiqu'on veuille le dissimuler, grâce et
gentillesse se découvrent toujours. Vous
paraîtrez au banquet parée des riches
joyaux de votre honorée mère ; mais, pour
les porter dignement, vous devez prendre
la pieuse obligation d'être, à son instar,
suprême en bonté et modestie, et ce noble
orgueil d'une famille, où la valeur et les
vertus sont héréditaires. Ah ! si tu étais un
fils, tu comprendrais mieux ce que je
veux dire.

— Plus sincère amitié pour mon seigneur
et père, ni plus hardi vouloir à observer

ses mandemens, je ne pourrais avoir, en ce que comportent mon sexe et ma jeunesse, lui répondis-je tout calinement. Sire de Mexpres parut satisfait de ma réponse, et il m'envoya dans mon appartement, où je vis étalés tant de brillans affiquets, que j'aurais été bien fâchée si, par sortilége, le souhait de mon père se fût accompli.

Les quinze jours qui précédèrent la fête me sont présens comme si c'était hier. La dépiteuse humeur de dame Alix, ses ricanemens, ma complaisance et patience, soit de coutume ou de bon naturel, n'ayant jamais pu jouir complètement d'un plaisir qui faisait la peine d'un autre.

L'œuvre de l'imagination sur l'âme neuve enfante les objets de forme gigantesque; quand se mesurent puis sur la réalité,

il faut en rogner tant que c'est grand, de-
cevance. On avait vu telle ou telle chose
comme à travers le cristal enjôleur, qui
montre un océan dans une goutte d'eau;
il m'en advint ainsi de la fête; au bout, il
se trouva que le fait était bien en deçà de
l'espérance.

Vinrent à Mexpres les seigneurs de
Balduc, de Rançon, de Saint-Pal, de
Maine et de Pouvelle; les dames de Balduc, de Rançon, de Saint-Pal : la première, née pour témoigner que langue de
femme est un organe infatigable, et qui en
sa vie n'eut à se reprocher d'avoir laissé
lacune dans la conservation. La dame de
Saint-Pal, lorsqu'elle pouvait saisir la parole, ne parlait que de sa bonté, de sa vertu, que *les chevaliers, voire les plus intré-
pides et hasardeux, avaient constamment*

respectée. La dame de Saint-Pal avait le corps long et sec, le nez effilé, les yeux petits, les lèvres pincées; et, quand elle parlait de sa bonté, il semblait que c'était une langue étrangère que personne ne comprenait. La châtelaine de Rançon, jadis surnommée *la Belle,* ne pouvait l'oublier ni pardonner à celles qui s'avisaient de l'être, alors qu'elle ne l'était plus. Ainsi me le dit-on par la suite, et ces confidences me servirent à m'expliquer pourquoi la châtelaine ne m'avait entretenue que de tournois et combats singuliers faits et donnés pour elle, *au temps où les hommes savaient précier la beauté.*

Résumé fait, voyez ce qu'il en était de ces dames : la rancune et la médisance avaient pris en leur cœur une telle extension, qu'aucun autre sentiment ne pouvait s'y glisser. La châtelaine de Rançon, voulant être belle en dépit de nature immuable, allait quêtant les suffrages menteurs, et se vengeait de n'en pas trouver en criant à la décadence du goût. D'une corpulence robuste, elle se requinquait en jouvencelle, et roulait pesamment, croyant de bonne foi être lesté en sa marche.

La dame de Balduc croyait posséder et science infuse et grave faconde en ses dits, bien qu'elle fît endormir ou fuir son auditoire.

La dame de Saint-Pal, de disgracieuse exiguïté, louangeait les formes fluettes; et par vanterie parlait aussi de sa vertu, laquelle, à coup sûr, n'avait été éprouvée aux aspérités de la résistance contre une attaque qui séduit.

Ces dames, réunies en même lieu, se faisaient complimens et grâces; et, sitôt que l'une d'elles tournait le dos, les demeurantes blasonnaient à qui mieux mieux, et à belles dents aiguisées emportaient la pièce.

On remarquait en moi la simplicité de nos montagnes; ce qui fit que ces dames me prirent à juge chacune en sa part. De dures vérités me venaient sur les lèvres! Toutefois discrète, je leur faisais des réponses évasives; elles furent mécontentes, et me tinrent pour sotte.

Les seigneurs susnommés, tous contemporains de mon père, ne conversèrent que de guerres, de leurs regrets de ne pouvoir accompagner sire le roi Louis septième à la croisade, et combattre les infidèles, comme ils l'avaient fait en leur verdeur. Enfin, tellement m'assoupirent ces propos, que monseigneur mon père me renvoya dans ma chambrette. Je défis tristement ma parure, qui m'avait tenue en gêne le long du jour (possible, parce que personne n'y avait pris garde); et, pour surcroît de mésaventure, je ne sais comment dame Alix devina ce que j'avais en l'âme, tant y a qu'elle me le fit avouer, et se moqua fort de moi. Ma gouvernante a peut-être raison, me dis-je; ce monde n'est pas du tout plaisant, ainsi que je l'imaginais en ma simplesse.

L'été s'écoula de la sorte en fastidieuses visites. C'était toujours les mêmes personnes, et partant, toujours même ennui. Sauf du seigneur de Pouvelle, sire de Gombault; après mon père, je n'avais rien

de plus cher, et plus que mon père il avait
pour moi des complaisances, témoin ses
sollicitations pour me faire sortir de la dé-
pendance de ma gouvernante, fortement
marrie de ne pas me tenir assujettie de
plus longues années, comme probablement
elle m'y eût tenue. Non que le sire de
Mexpres ne me chérît beaucoup ; mais il
se persuadait que la vie confinée était convenable à une jeune damoiselle, et ne se
souciait du reste.

Un jour, le seigneur de Pouvelle s'en
vint à moi tout joyeux : — Damoiselle, j'ai
formé le projet de vous donner une fête :
que vous en semble ? — Couci-couci, fis-je
nonchalamment, me rappelant celles que
j'avais vues déjà.

— Je me serais attendu que vous m'al-

liez sauter au col; mais vous êtes si four-
nie en raison, que les pompes mondaines
ne peuvent vous tenter. Je ne puis donc
compter sur vous?

Ha! vraiment, cher sire, je pâtirais plutôt
un an durant les pénitences de ma gouvernante et la compagnie de la dame de
Balduc, que de vous désobliger une mi-
nute, lui répondis-je en riant.

—Vous m'êtes si débonnaire, damoiselle
Aloïze, que je ne voudrais vous mettre à
telles rudes épreuves. Vous me direz, après
la fête, si j'en sais assez pour amuser les
dames.

— Bien, dis-je à part moi; en tout cas
j'en aurai la perspective.

En cette occasion-ci, dame Alix, prévoyant un autre résultat, était aussi de plus aigre humeur et basse jalousie.

— Aloïze, ce me dit mon père avant notre départ pour Pouvelle, il ne faut rien négliger aujourd'hui pour exciter la valeur du chevalier qui rompra une lance en ton honneur.

— C'est donc un tournoi? demandai-je émerveillée.

— Et des plus brillans.

— O! Dieu du ciel! j'espère qu'on ne combattra pas à outrance... Sire de Gombault est trop bon pour ça.

— Ce sont de simples jeux en l'honneur des dames, et des prouesses par courtoisie, dit mon père en riant.

— C'est bien différent... Je ne me sens

pas d'aise de voir ce dont je me fais une si
réjouissante idée; et, en toute hâte, je fus
m'ajuster convenablement à pareille cir-
constance. Dame Alix, de pateline disposition en cet instant, ou plutôt pour me faire
niche, me voulut aider; et moi reconnaissante, je la laissai entasser sur ma personne et joyaux et ornemens; et ainsi
chargée à ne pouvoir quasiment me mou-
voir, ressemblant plutôt à la reine de Saba
qu'à jeunette pucelle, je montai une grise
haquenée, caparaçonnée de plumes volti-
geantes et autres brimborions. Monseigneur
mon père me côtoyait sur son palefroi,
lequel semblait fier d'aller en fête, tant
superbe allure il avait, et six paysans, vassaux de Mexpres, chamarrés sur leur
pourpoint de nos devises et couleurs, nous
convoyaient, montés sur six roncins tant
bien que mal appareillés. En arrivant à

Pouvelle, le cœur me bondissait de me voir
en cette braverie.

La vaste esplanade contournée de palis-
sades marquait la lice où devaient jouter les
chevaliers. Un amphithéâtre, somptueuse-
ment balustré et élevé jusqu'aux croisées
du château, était rempli par des dames
ornées de riches atours, et des seigneurs
conviés. Un deuxième amphithéâtre de
moindre étendue pour les juges du camp,
au milieu desquels siégeait mon père, et il
les excédait par son beau maintien et sa
noble figure, où s'alliaient à la fois une
grave hautesse et une avenante hilarité.
Les hérauts d'armes se pavanaient dans
l'enceinte. Au dehors, un peuple nombreux
se livrait à l'allégresse. Sire de Gombault
me plaça sur le premier rang, entre une
dame de Sals, chanoinesse, laquelle prou-

vait en faveur de sa règle, tant elle se montrait accorte et gracieuse; et une damoiselle de Jugny, approchant mon âge. Sire de Gombault me recommanda à ces deux dames, et plus en particulier à la damoiselle de Jugny.

Tant plus ce que je voyais me paraissait nouveau, tant plus s'embarrassait ma contenance. Si peu faite aux usages, je ne savais répondre à aucune question, encore moins en adresser pour ce que j'aurais voulu apprendre. Heureusement que la damoiselle de Jugny, devinant ma contrainte, en eut pitié; et, m'évitant délicatement de rougir de mon ignorance sur maintes choses, elle me les expliquait avant que j'eusse osé les demander.

Quelques charmes qu'ait une femme (je

dis ceci pour aviser), ses attraits n'auront qu'un effet instantané, si elle ne leur joint la bonté, le plus attachant de tous. Praxède était pourvue de celui-là et de mille autres; je le lui dis avec l'expression d'un cœur qui, pour la première fois se trouvait en accord; et voilà comment en moins d'une heure nous nous étions promis de nous aimer la vie durant. On verra si des deux parts s'est observée cette promesse. Ma nouvelle amie me conta que, ayant par disgrâce perdu ses père et mère, elle vivait fâcheusement avec une vieille tante béate, qui lui faisait chanter du matin au soir laudes et complies; que son frère, Eginard de Jugny, était venu la visiter avant d'aller à la croisade, et qu'ils resteraient à Pouvelle jusqu'au départ d'Eginard..... Notre colloque se rompit ici; on ouvrit la barrière, et les chevaliers, couverts d'armes

reluisantes et la visière baissée, se rangè-
rent pour jouter et combattre à armes
courtoises.

C'est contre ma volonté que je fais ici le
détail d'un tournoi, mieux décrit par d'autres, et connu de tous; à cause de ce, je
passerai brièvement autant qu'il se pourra.

Les deux chevaliers désignés pour com-
mencer la joute, s'approchant du balcon
des dames, les saluèrent galamment en
baissant la pointe de leur glaive à terre.
L'un des deux, grand et élancé, maniait
son fougueux dextrier si subtilement que
c'était merveille.

— Faites des vœux pour le panache
blanc, me dit Praxède; c'est mon frère qui
le porte; malheur à moi, qui ne puis y
joindre les miens!

— Je ne vous comprends pas; vous aimez votre frère, ainsi l'avez dit?

— Et de mes jours je ne le tairai; mais comment former un désir pour sa gloire, quand celui qui doit être mon époux le requiert si fortement de moi.

— Quoi! vous soumettez-vous déjà au joug du mariage?

— Vraiment oui, et je ne saurais m'en douloir, mon fiancé étant de haut lieu et point chétif de sa personne; quand même il n'en serait ainsi, si vous connaissiez ma vieille tante, vous verriez quelle augmentation d'amour je dois à qui me sort de sa tutelle.....

Donnant cours à sa gaîté, Praxède continuait ses folâtres propos; mais elle se tut

vitement à ce signal des mestres de camp:
Allez, bons chevaliers, et que les combattans se coururent sus. Ah! pauvre Praxède!
en deux tours son fiancé fut gisant sur la
poussière... Je la vis bélmir pareillement au
blanc tissu qui couvrait son sein agité. Le
damoisel de Jugny descendit agilement et
releva son futur beau-frère, qui l'embrassa
en riant lui-même de sa défaite.

— Eh bien! dit alors Praxède, ranimant
son visage gentil comme un matin de mai,
mon émoi est passé, et mon présage qu'E-
ginard n'avait besoin de nos vœux réunis,
s'est vérifié. Ne vous en mettez en peine
(voyant mes yeux inquiets fixés sur le panache blanc). Ah! plntôt priez Dieu d'a-
mollir les pierres sous les disgraciés qu'il va
faire choir... Quoi que pût dire Praxède
dans sa confiante sécurité, mon amitié

naissante avait déjà trop d'ascendant sur
moi pour me faire libre de crainte.

Sept chevaliers, en plus brève ou longue
durée avaient mesuré la lice, vaincus par
le damoisel, lorsque le huitième se présenta, de prestance robuste et formidable.
Il était couvert d'armes noires; l'impé-
tuosité animait ses gestes, et son panache
lugubre, flottant audacieusement, pronos-
tiquait la mort. Je me sentis glacer par
l'appréhension de voir succomber le frère
de Praxède. D'un commun accord, les
combattans s'éloignent jusqu'à l'extrémité
du camp; ils se courent sus, ils se man-
quent; s'éloignent encore; et, tels que
deux taureaux furieux impatiens d'essayer
leurs forces, ils se heurtent d'un conflit si
violent, que les lances des deux guerriers
se rompirent en traversant leurs écus bos-

selés. Lors tous deux sautent en l'arène;
ils ont tiré leur épée du fourreau. L'œil ne
peut les distinguer, ébloui de mille flam-
mèches jaillissant de leurs tranchans émous
sés; ils se guettent, s'épient, et finissant par
s'irriter de leurs vaines ruses, chacun d'eux
frappe sur l'armure de son adversaire
ainsi qu'un forgeron sur l'enclume et la
fait bruire d'un sinistre son. Finalement
un horion terrible brise le casque du chevalier de Jugny et le fait chanceler. Le
casque tombe et laisse à découvert..... le
chef d'un de ces beaux archanges messa-
gers favoris de l'Éternel..... Mon front se
couvrit d'une terne pâleur, et je m'écriai
en m'adressant au chevalier coléreux:
« Arrêtez! arrêtez!... Las! il est sans défense!!!... » Le chevalier de Jugny, d'un
élan aussi prompt que le fût le mien, reprit l'équilibre, il me regarde... d'un regard

que plus onc on n'oublie; et, se faisant une massue de sa vaillante épée, il atteint le chevalier noir, et le rue au loin sur la terre poudreuse.

Les cris de joie, les battemens de mains, couvrirent les fanfares. Praxède s'élançait pour embrasser son frère, tandis que le chevalier déconvenu se retirait en désarroi, et qu'Eginard de Jugny, à ma confusion et surprise, me vint faire hommage de toute sa gloire. O dame Alix! si vous m'aviez vue alors, à bon droit l'eussiez-vous dit, que ma gaucherie était extrême et en contraste singulier avec les manières dégagées des personnes qui m'avoisinaient.

Et voyez-vous une jeune fille raide sur son séant, détournant la tête comme si l'aimable damoisel eût été un laid objet,

les yeux baissés, formant deux ruisselets
d'eau cristalline sur deux joues rouges de
vives couleurs. Mon père, s'approchant de
moi, me dit :

— Aloïze, tant brave chevalier mérite
une récompense; or, donnez-la lui.

— Oh! cher sire, fis-je en balbutiant;
je n'ai rien en possession.

— Voici le prix destiné au vainqueur,
dit alors sire de Gombault en me présentant une belle chaîne d'or; et moi troublée,
je la passai au col du chevalier, lequel, par
les lois du tournoi, et sans que mentale-
ment j'y trouvasse à redire, cueillit le dé-
lectable fruit d'amour sur mes lèvres, jusqu'alors non effleurées du souffle d'homme
étranger. Puis, se baissant sur mon giron,
il dit tout bas :

— De ce moment je connais l'heur de la victoire; ah! qu'il m'est doux de vous la devoir!...

Quoique je fusse nicette en tous points, bien compris-je à part moi qu'il en avait remporté deux.

— Ajoutez à la chaîne votre bouquet de violettes, me dit mon père; leur fraîcheur se conservera à l'ombre du vert laurier.

J'ôtais le bouquet de mon sein et l'offris au damoisel, non d'une main assurée. Eginard le prit comme une chose précieuse, et le plaça sur son cœur.

Le tournoi fini, tous les chevaliers se furent désarmer et vêtir de galans habits; et moi aussi, aidée par Praxède, je fus habillée convenablement.

Lorsque, dans mon épouvante, je criai au chevalier noir de ne pas ensanglanter ce jour de fête, j'attirai sur moi, et s'en m'en apercevoir, les regards de l'assemblée ; ce ne fut qu'après avoir donné mon bouquet que je vis tous les yeux fixés sur moi ; de quoi j'achevai de perdre mon peu d'assurance, et ce ne fut que petit à petit qu'il me revint assez de calme pour écouter les gracieux propos d'Eginard, même l'œillader à la dérobée. Praxède me présenta son fiancé, Etelred de Pontis. Envers lui je n'eus point de gêne ; au contraire, j'aurais ri de franche gaîté en songeant comme il s'était relevé de bonne grâce, si le vainqueur n'eût été là.

Le festin et le bal complétèrent la journée.

De retour à Mexpres, les événemens pas-

sés me semblaient des prodiges de nécro-
mancie. Mes tumultueuses pensées se
guerroyaient en mon cerveau fatigué ; seulement prédominait un bien-aise que jamais je n'avais connu, et dans lequel je me
voulus complaire sans en rechercher l'origine. Dame Alix me questionnait et ne
pouvait être instruite de ce qui s'était passé
à Pouvelle : j'étais sourde au dehors pour
trop entendre au dedans de moi. Plus har-
gneuse, elle me voulut faire noise en me
forçant à l'écouter ; et, pendant deux longues heures, ce qu'elle s'imagina de dés-
agréable me fut dit et adressé, sans pour
cela s'attirer de moi ni humeur ni reproche. Il est si facile d'être bon et patient
alors que le cœur est heureux ! Enfin,
quand dame Alix fut partie de lassitude,
je fermai closement les courtines de mon
lit, où, dans le somme, les flatteuses illu-

sions me bercèrent sur leurs ailes diaprées.
Le lendemain, le bon sire de Gombault
amena à Mexpres, Praxède, son frère et
les autres convives de Pouvelle, auxquels
mon père fit si courtois accueil, qu'il ne
se passait plus de jour sans nous visiter
les uns les autres, et on peut soupçonner
le résultat que produisirent ces visites. Elles ne se bornèrent pas à resserrer le nœud
de l'amitié entre Praxède et moi... Mais
n'attendez ici que je retrace en mots vul-
gaires les charmes d'un amour naissant,
de ces tant jolis riens qui ont tant de valeur, de ce silence tant éloquent, lequel se
fait si bien entendre ; non plus de ces tant
exquises peines que les amans se forgent
par privilége et faveur de jeunesse : ce sont
des choses délicates qui ne se touchent
sans dommage. Semblables à ces gentilles
fleurs, lorsqu'au lever du soleil on voit en

leur frais calice des gouttes tremblantes
de rosée, n'est-il pas vrai qu'elles sont
ravissantes...? Ne les cueillez, main indis-
crète, laissez-les là pour le plaisir des
yeux; sinon, vous aurez bien la fleur, mais
déparée des perles de l'aurore.

Je ne vous déduirai point aussi par le
menu les façons attractives du chevalier
de Jugny, parce qu'on accuse de tricherie
les amans qui font le portrait de leurs dames et les dames de leurs amans. Voyez si
j'ai trouvé le pourquoi. Si c'est par quelque
vile amorce qu'ils font semblant d'aimer,
ils exagèrent par amour-propre les qualités
de l'objet. Si c'est de pure et loyale affection,
ils exagèrent encore, non sciemment, mais
parce qu'entre les deux qui s'aiment l'enfant malin souffle un prisme magique qui
ne s'évanouit qu'alors qu'ils ne s'aiment

plus. Et donc, pour n'être taxée de mensonge, vice bas et difforme, je répéterai, d'après autrui, que le damoisel était ardent à combattre, généreux dans la victoire, franc et loyal à ses amis, courtois aux dames, et de sainte discrétion pour celles qui, se laissant affrioler par ses tant belles manières, en faisaient leur doux souci.

Un jour que dînaient à Mexpres, Praxède, son frère, sire de Gombault et un jeune seigneur de la Provence, à la fin du repas, mon père se mit à traiter son sujet favori, les guerres passées et présentes, et de sa fâcherie de n'avoir pas un fils, héritier de son nom.

— Ce nombre ne fût point resté incomplet, se dit-il, montrant du doigt les cinq bannières sarrasines. Mon fils eût comblé mes plus vifs souhaits en m'apportant la sixième.

— Je ne sais quoi me poussa à répondre : Je les compléterai bien, moi, si monseigneur mon père veut agréer mon ouvrage ; je suis assez habile en broderie pour en faire une, j'ose assurer, belle au pair des cinq autres. Tous se mirent à rire de ma naïveté, et spécialement mon père.

— Ho ! ho ! Aloïze, il faudrait que vous fussiez excellente à richement besogner, pour atteindre à si haut prix.

— J'en connais un, dit sire de Gombault qui, pour avoir une écharpe ouvrée de telle main, se ferait fort (Dieu aidant), d'enlever l'étendard du soudan, le fier Noradin. En vérité, Bertold, je ne crois pas que celui-là déparât les autres.

— Vrai Dieu! repart mon père, mon Aloïze aurait allumé un si beau feu!... Il ne doit pas rester en languison. J'estime pourtant que ce chevalier s'avance beaucoup; il doit savoir que la renommée de Noradin n'est pas des moindres.

— Eh! quel d'entre nous ignore ce que peut la valeur, aidée par l'amour? ajouta sire de Gombault.

— Celui dont vous parlez est-il d'illustre race, sire de Gombault?

— Et son noble cœur répond à sa noble origine; je m'en fais le garant.

— Ne m'enquiers du reste, dit mon père exalté; qui est riche d'honneur à prou chevance. Vous prends tous à témoin, que je jure de faire empreindre en lettres

dorées le nom et les exploits du brave pala-
din, en un écusson à ceux-là semblable, et
ces mots ensuite : Aloïze de Mexpres en fut
le guerdon.

Durant que les deux seigneurs s'enga-
geaient ainsi, je ne pourrais rendre mes
transes, causées par le calme indifférent
du chevalier de Jugny, et l'émoi visible du
seigneur provençal ; je crus que c'était de
lui dont on discourait. Décolorée, je me
penchai sur l'épaule de Praxède, et ce ne
fut qu'à travers le bourdonnement de mes
oreilles, que je distinguai ces paroles de
sire de Gombault :

— Monseigneur de Jugny, j'ai fait les
conditions ; c'est à vous de les observer.

J'ai su depuis quel étonnement marqua
mon père ; il ne comptait sur tant grand

heur, que d'unir sa fille en mariage à celui qu'il aurait proposé pour parangon à tous les jeunes chevaliers. Et moi, sur le moment, je craignais d'être abusée par de vaines fascinations en voyant Eginard à mes genoux, les presser de ses mains tremblantes :

— J'attends de vous ma vie ou ma mort; ne me serez-vous pas charitable, Aloïze?

Mon père, expert en langage d'yeux, ayant déjà vu que les miens n'exprimaient rien de dédaigneux, dit d'un air goguenard :

— Te dois juger, toi-même, Aloïze? si ne te sens capable d'ouvrer en perfection, il ne faut point t'engager avec le sire damoisel. Certes, ce n'est pas l'usage en la maison de Mexpres, de recevoir beaucoup

et de rendre peu. Penses-tu que l'écharpe
vaille l'étendard du soudan?

— J'en déciderai, moi, reprit le sire de
Gombault; seulement je laisse à Aloïze le
choix des couleurs.

— Puisse mon Etelred vous nommer
bientôt sa sœur! me dit doucettement
Praxède.

De cette manière si subite, je me trouvai prédestinée à celui que mon cœur avait
placé en son sanctuaire, et environné de
souhaits mystérieux et de timides espé-
rances. Mon père était en grande jubila-
tion; Eginard nageait dans l'ivresse, et
sire de Gombault jouissait du bonheur de
tous. Nos fiançailles se firent devant la noblesse des environs, qui, en cette occurrence
rivalisait pour nous fêter. Ce n'étaient que

danses et tournois. Toujours preste, jamais vaincu, le chevalier se faisait pardonner ses succès par sa modestie et sa grâce ; et combien je me glorifiais quand il venait recevoir la couronne de laurier, où j'ajoutais, sans qu'on le vît, un petit ramillon de myrte Ce n'était là tout encore, et je n'avais pas oublié l'écharpe, ni rien omis de mon habileté pour embellir l'ouvrage. Sur les deux bouts j'avais peins au naturel une fleur d'héliotrope regardant l'œil du jour, et cette devise : *Où que te vires te suivrai.* A ce don d'affection discrète, mon père ajouta le plus superbe des boucliers de la salle d'armes, et duquel avait été maître anciennement un des douze pairs de l'empereur Charles. On y lisait cette devise : *Dieu et l'honneur ; n'aye cure du reste.*

— Dans le cœur comme sur le bouclier, dit le chevalier à mon père.

— Bien, noble fils ! c'est le moyen pour ne faillir, ce lui répondit le seigneur de Mexpres, l'étreignant d'une accolade. Dans ces entrefaites survint l'ordre de partir. Eginard devait se rendre à Marseille, où la belliqueuse noblesse de France attendait l'instant de s'embarquer. Et celui qui, dans le danger, portait en lui un courage viril, n'en eut point assez pour dire adieu à sa mie. Le chevalier quitta Mexpres à mon insu, me recommandant à mon père et lui jurant derechef qu'il apporterait l'étendard du soudan, ou qu'il resterait sans vie. Praxède me rapporta que mon père répondit plein d'émoi :

— Vous m'êtes si cher que je ne pourrais me consoler de vous l'avoir fait perdre... et même...

Il avait levé les yeux vers les bannières

sarrasines, et Praxède, interprétant la phrase non achevée, trouvait cette signifiance : Et même! je donnerais les autres pour vous la conserver.

— Bien l'avez-vous trouvé, Praxède, ainsi pensait mon père ; il ne pouvait mieux expliquer l'estime et l'amitié qu'il a pour Eginard, dis-je en laissant un libre cours à mes larmes jusqu'alors retenues.

Praxède pleurait aussi et avec double sujet. Etelred avait quitté Pouvelle pour suivre sa mère, qui s'en retournait en sa châtellenie. Le caractère altier de cette dame ne supportait ni remontrances, ni opposition; et se délectait en exerçant la patience de son fils, qu'elle tenait en sur-veillance comme un enfançon au maillot; et il n'avait rien moins fallu que l'appât de

la fortune promise à Praxède par sa tante,
pour décider l'avaricieuse dame à laisser
marier son fils.

La tante de Praxède, de sa part, exigeait
que sa nièce retardât d'une année la célé-
bration des noces, et ce n'était qu'à force
d'instances qu'elle avait permis à son neveu Eginard d'amener sa sœur à Pouvelle;
de sorte que chaque jour que cette damoiselle restait de plus lui attirait mille reproches: elle me les laissait ignorer avec
une soigneuse délicatesse.

Cependant la tante, fatiguée d'une si longue absence, lui manda un commandement
si impératif, que nul retardement ne se
pouvait. Il fallut nous séparer, promettant
de nous réunir au réalisement de nos vœux;
lorsqu'elle fut partie, je sentis au vif que

de nos deux faiblesses jointes nous venait un peu de force. Seule, je n'eus plus que découragement et perspective chagrine.

Ainsi se traînèrent en pénible uniformité les jours, les semaines, les mois, un an durant ; et d'Éginard ne s'entendait nouvelle. Mon père me disait de n'en pas prendre inquiétude. Les guerriers au champ d'honneur n'ont pas à leur vouloir l'occasion opportune ; puis il ajoutait, d'un air satisfait :

— Mon fils n'a pas eu mauvaise chance ; male nouvelle tôt se sait ; il fait sa moisson de lauriers, et vous les offrira par son premier message, et peut-être lui-même en sera le courrier.

— Mais, avait beau dire sire de Mexpres,

mon cœur ne pouvait plus retenir ses do-
léances. Une fois je m'écriai devant dame
Alix. Las! dame Alix, dites, n'avez-vous
vu aucun pèlerin? je redoute que mon damoisel ne soit en peine. Souriant sournoi-
sement, elle me répondit: Il se peut, damoiselle; il se peut aussi que vous n'en
ayez que la peur. La cour que tient la reine
Éléonore en Syrie est belle et galante, et
les sermens de fidélité coûtent plus à
tenir qu'à faire.

— Las! vous me rassurez, j'aime tant
le chevalier..... pourvu qu'il vive, je suis
contente....

— Hé! je vous conseille de vous préparer à tout pour n'être déçue. On sait que
sire le roi n'a pas obtenu le succès qu'il attendait par ses armes. Les lances sarrasi-

nes en ont occis plus d'un, et ceux qui en reviendront pourront crier Noël.

— Las ! vous me tuez, dame Alix....

— Dieu ! vous n'avez donc jamais su ce qu'était d'aimer ? L'œillade qu'elle me lança à cette question simplette, sembla une parcelle de tonnerre. Je me remis dans l'esprit ce que m'avait confié Praxède touchant l'irascibilité des filles, enrôlées en dépit d'elles dans le stérile célibat.

Si vous ne voulez servir de but à leur malice, gardez-vous de parler amour ou mariage aux filles surannées, en ce que, sinon toutes, du moins la plupart, ne sont en telle pénurie que pour n'avoir su assez inspirer l'un, afin de happer l'autre; et de cela vient que le leur âge [illegible] renaît toujours comme cette fameuse hydre de Lerne, dont Hercule le fort put seul venir à bout.

En ces confidences, où votre âme charmée s'épanche avec une complaisante prolixité, ne voyez-vous pas que vous tombez dans le vilain cas du mauvais riche de l'Evangile, qui étalait un succulent repas devant le pauvre affamé, sans lui en passer tant seulement une miette.

Et certes, ce sera quasiment justice, quand ces prêtresses forcées du pâle célibat tendront des embûches à votre crédulité, et, portant atteinte ou détruisant un bonheur qui les humilie, elles chercheront à vous faire perdre ce qu'elles n'ont pu trouver à grand labeur.

Réfléchissant à ces maximes de Praxède,
j'affectai une assurance que démentait mon
âme désespérée du silence d'Eginard, que
j'attribuais à funeste cause. Ma gouvernante trompée me parut à son tour étonnée et soucieuse, comme si l'une de nous
deux se devait désoler, quand l'autre était
sereine. Ce manége avait déjà duré quelque
temps, quand par aventure me promenant
aux environs de Mexpres, sans but, sans
plaisir comme de coutume, dame Alix me
conduisit à un monticule pour m'y faire res-
pirer l'air salubre du soir par abondantes
bouffées : mais le peu de bien qu'elle disait
me vouloir procurer, fut vitement détrem-
pé dans la malignité de ses observations
sur la modicité des possessions de mon
père, restreintes encore depuis peu par
l'impérieuse nécessité de payer les frais
qu'occasionèrent mes fiançailles, que mon

père n'eût voulu célébrer mesquinement,
comme fier et libéral seigneur qu'il était.
Donc, dame Alix voulût m'insinuer que, ma
dot se réduisant à piètre valeur, il serait possible que le chevalier de Jugny se dédît et
ne voulût plus m'épouser; et quand elle
me vit rester quiète et que je lui dis qu'un
tel doute était injurieux au chevalier de
Jugny, elle se tut. Pourtant j'en restai af-
fectée, et dès cet instant seulement je vis
ma pauvreté. Rêveuse, je portais mes yeux
distraits sur les ruines d'un temple de vieille
structure, que ma diserte gouvernante, qui
savait lire en tous livres, m'expliquait avoir
été dédié au dieu Apollon par les païens ido-
lâtres. Je ne l'écoutais en ce moment, et
ses phrases érudites se perdaient dans le
vague, tant qu'elle me poussait pour me
faire entendre celle-ci.

— Damoiselle Aloïse, ne voyez-vous

pas contre ce fût de colonne un homme assis ? Depuis long-temps je le regarde; jamais il ne m'apparut une telle figure. Quelle longue barbe blanche ! et cependant il est vert et robuste : on dirait ce vieil qui fauche les humains, prenant un petit soulas sur la poussière des siècles.

— Ha! dame Alix ! le vieil faucheur dont vous parlez, ne fait ni repos ni trève, ni plus ni moins que mon souci....

— Voyons ce qu'est cet homme, damoiselle; approchons-nous sans qu'il nous voie.

— Je vous attends ici, dame Alix ; je n'ai ni envie ni curiosité aucune.

— Ha! vous en auriez bientôt, si c'était

un pèlerin revenant des saints lieux, ainsi
qu'il le peut être.

—Oh! gouvernante, chère gouvernante!
je veux bien vous suivre. Et, alerte par cette
seule supposition, je m'avançais vers l'é-
tranger. Dame Alix ralentit mes pas. A côté
de ce vieil était un jeune homme que d'a-
bord l'inégalité du terrain m'empêcha de
voir : des cheveux noirs et crêpus ombraient
le haut de son visage ; le bas se perdait dans
sa large et touffue moustache. Un étrange
habit cachait sa taille. Dame Alix me fit
asseoir pour observer. Je pensai qu'il était
menestrel, en lui voyant accorder un luth.
Puis d'une voix sonore.... Mais plutôt écoutez ce qu'il chanta.

Aux plaines de Syrie ,
Le trouvère guerrier
Fait moisson de laurier
Tout en chantant sa belle mie.
On le voit, en un même jour ,
Du Sarrasin réprimer l'arrogance ,
Et célébrer douce constance
Par chants d'amour.

L'art de sa mélodie
Produit effets divers :
S'il vante en ses concerts
Heur d'être aimé de belle mie,
Cœur rebelle en ce même jour
Du dieutelet connaîtra la puissance ;
Il chérira douce constance
Et chants d'amour.

Aïns en sa fantaisie,
S'il lui plaît se jouer,
Et votre cœur muer
Au déproffit de belle mie,
Verrez éteindre au même jour,
Feu du désir par froide indifférence,
Mépriserez douce constance
Et chants d'amour.

—Je te défierais bien d'attiédir nos feux,
dis-je assez haut. Aussi m'entendit-il le malin
à trouver l'occasion de quoi, me mirant
courtoisement en posant sa lyre :

—— Au moins je pourrais craindre que
mon art n'eût aucun pouvoir auprès de
celui qui peut se dire aimé de dame tant
jolie.

— Il ne faut pas jurer si haut, dit dame Alix, d'un ton âprement revêche : on pourrait en rencontrer plus d'une de par le monde, qui a compté en l'air.

— Il est possible que vous le sachiez au juste, dis-je, choquée de sa remarque. La mine bilieuse de ma gouvernante devint rouge prononcé, et ses yeux me lançaient des étincelles.

— Je le sais pour votre mal, et non pour le mien, damoiselle, que mon visage n'ose se comparer au vôtre. Au lieu de me ravaler, vous me deviez remercier de vous avoir maintes fois conseillé, par prudente affection, de ne point poser votre félicité sur les vaines promesses des hommes plus mouvans et girouetteux que le guidon que tout vent tourne.

—Qu'entendez-vous par promesses vaines, hommes mouvans et guidon qui tourne?

— Sans me répondre, ma gouvernante s'adressa au troubadour : le vieil s'en alla à l'écart.

—Par la pureté de votre chant, on connaît bien que vous n'avez pas toujours resté en même lieu, ainsi qu'une pierre mousseuse?

— Oui-dà, respectable dame, les banquets royaux ne me sont pas étrangers ; je les ai souvent égayés de mon luth harmonieux, repart le troubadour d'un parler suffisant.

— La Palestine ne vous est pas inconnue?

— Nenni vraiment : c'est un trop beau champ pour la gloire et les talens.

— Vous aurez ouï conter les faits du chevalier de Jugny ? Il s'est mis en grand renom à la cour du roi Baudouin, d'après ce que m'en ont rapporté maints pèlerins et pieux dévots dignes de foi....

— Eh ! pourquoi ne les ai-je pas vus, moi? ce dis-je alors à Alix.

— Je les ai éloignés, on sait assez tôt ce qui doit affliger.

— Ciel! parlez, troubadour... que m'allez-vous apprendre ? connaissez-vous mon damoisel ?...

— Votre.... c'est ce que j'ignore; mais je connais le chevalier de Jugny, et vraiment

il n'en est pas de plus vaillant en guerre,
ni de plus volage aux amours, sachant de
telle gente façon pourchasser les damoi-
selles, qu'il se fait aimer de fine amitié
quand il veut persuader qu'il aime, et pardonner quand il n'aime plus, à telle preuve
qu'il n'est ni père ni mari en la principau-
té d'Edesse, qui ne dérobe la beauté aux regards perçans d'Eginard de Jugny et de
Josselin de Courtenai ; aussi ce prince vo-
luptueux et ami des débauches a-t-il élu
le chevalier son plus cher favori.

— Vous ne connaissez pas le chevalier
de Jugny, troubadour ; quelle est votre insolente audace, de lui prêter des actions
qui emportent le blâme...?

— Ecoutez-moi, noble damoiselle, et
vous verrez si je le connais. Le corps du

chevalier est souple et aligné comme un jeune peuplier.

— Vous dites vrai.

— Ses yeux pétillent d'ardeur guerrière, s'il tient son glaive au poing et de flamme amoureuse auprès des dames.

— Las, c'est encore vrai, dis-je avec le sourire d'une mourante.

— Je l'ai vu en champ clos, pareil à ce-lui-là, qui est dieu de la guerre, terras-ser dix redoutables rivaux, et les amener vaincus aux pieds d'Edelinde la belle, pe-tite-fille du comte de Toulouse, laquelle, pour récompenser le vasselage du beau chevalier, a dénoué son écharpe pour-pre tissée d'or, et la lui a passée au col.

— Ici se découvre votre cauteleuse ma-

lice , troubadour , et vous dites des choses
qui nous tourneront à vergogne. Appre-
nez que le chevalier de Jugny a reçu de
moi une écharpe blanche et bleue , dont il
a juré de ne jamais se départir.

— Oh ! oh ! il n'en coûte guère au beau
chevalier de fourber fille crédule : pourtant il ne les déçoit en tout , quand il leur
promet de ne pas se départir de l'écharpe
ouvrée par leurs blanches mains. Oyez
comme : il en a tant reçu de ces tendres
gages , que de leur nombre réuni il s'en
fait une couche molle sur laquelle il s'en-
dort, voluptueusement balancé par les
songes amoureux. Au reste , on dit qu'Edelinde la belle vient d'enlacer l'inconstant
par le nœud du mariage.

Peut-être que le troubadour apprit d'autres perfidies du chevalier de Jugny aux

rochers, aux échos de Mexpres ; peut-être que les nymphes forestières s'enfuirent épouvantées d'un tel parjure ; moi je n'en entendis pas davantage. Le venin que distillaient les lèvres du méchant, me perclut en mes cinq sens, comme si j'avais passé de vie à trépas.

— Plus tard je me trouvai sur mon lit pressée dans les bras de mon père. Instruit par dame Alix, sire de Mexpres jurait de percer la langue au traître imposteur qui avait profané le nom révéré d'un preux.

— Aloïse, celui qui chausse les éperons d'or n'est nullement capable de telle félonie.

— Le croyez-vous, mon père, que les marques extérieures d'honneurs mettent le cœur de l'homme à l'abri de honteux méfaits? Vrai Dieu! je le crois, et ils l'ont cru fermement ainsi ceux de ma famille; et vous, qui avez montré une trop facile créance à l'aventurier déhonté, quand vous ne lui deviez que mépris et dédain, sachez qu'il ne faut juger personne sur des rapports calomnieux, faciles à connaître par le fiel qui les empoisonne; les uns pour céler leurs vices ou les rendre moins odieux, en prêtent à autrui; d'autres, par méchant passe-temps, disent indifféremment le bien ou le mal, selon que leur langue tourne ainsi; je tiens qu'ils sont de faible vertu, ceux qui vont écoutant des dits calomnieux, quand l'accusé absent ne peut se défendre. Ceci est pour la majeure part, et ne concerne en rien le chevalier de Jugny, dont vous avez la foi. Eh! quelle plus sûre caution faut-il à votre méfiance?

— — Ah! cher sire, quand les liens d'amour se brisent, l'amant frivole reste-t-il enchaîné des autres ? ce dis-je défaillante. Sur ce, mon père me repart vivement : La foi jurée est souveraine de l'honnête homme, et nul ne peut la violer sans forfaiture. L'habitant des déserts l'engage sous l'arbre touffu qui l'abrite ; mille flèches dirigées sur son cœur ne pourraient lui faire fausser son serment ; et, s'il en avait le lâche oubli, l'instant d'après il croirait entendre une voix dans chaque feuille pour le maudire et l'accuser. Si les barbares ont un tel respect pour la parole solennellement engagée, que doit-ce être d'un chevalier en qui doit briller le type des sévères vertus ! Mais une assurance que vous auriez dû trouver en vous-même, c'est que de pareils affronts certes ne s'adresseraient point à Bertold de Mexpres.

Vous avez vu l'épais brouillard du matin

étendre sur la plaine sa malfaisante vapeur,
quand tout à coup le soleil paraît amont du
ciel, tout faible et pâle d'abord ; mais bientôt
son disque brillant, perçant les ténèbres, les
dissout au loin.... Or, voilà comme firent
en moi les paroles de mon père ; et quoiqu'il
leur eût donné la direction du reproche
et du courroux, elles me parurent lumi-
neuses et infaillibles. Tenant à maligne dé-
ception ce que m'avait dit le trouvère,
faisant intérieurement amende expiatoire,
à mon fiancé Eginard, à monseigneur mon
père et aux ombres de tous ces preux dont
je descendais, pour avoir si promptement
délibéré, qu'aucun d'eux eût pu faire une
offense, ou la recevoir ; et, pour combattre
un reste de tristesse, je mis en ma fantaisie le plaisant avenir qui m'était réservé,
quand, unie au chevalier, nous userions le
restant de nos vies en licites plaisirs, sans con-

troverse aucune : ainsi vogue la nacelle d'a-
mour sur le fleuve de l'espérance.

A peu de jours de là , mon père s'en vint
à ma chambre, où piteusement j'étais ali-
tée, me criant de loin : Voici l'écuyer de
l'ami, Aloïze.... il apporte une lettre ; allons, allons, il n'est pas de mal qui tienne
au bonheur.... Dame Alix voulut sortir.

— Restez, restez, gouvernante ; cette
lettre est de mon cher fils; il ne m'écrit point
des mystères que vous deviez ignorer. A
moins cependant que, pour calmer l'impatience de mes vassaux, vous n'alliez leur
apprendre que mon cher fils nous écrit.
Mais non, restez, c'est moi qui veux les en
instruire; en même temps il décachetait
le paquet fermé du scel du chevalier. Moi,
assise sur mon lit, les mains enlacées, l'attention avide, j'attendais la désirée lecture...

Mon père se taisait, il regardait le papier et restait immobile. Subitement me fixant par un air terrible : Aloïze, il te renie ; le vagabond qui t'a parlé n'a point menti. Aloïze de Mexpres refusée.... voire même grossièrement, en langage de vilain. L'auriez-vous osé supposer, gouvernante?... male mort au misérable ! La fille du baron de Mexpres refusée !... Ah ! plus que jamais je dois déplorer de n'avoir pas un fils !... Le lâche me sent vieil, et croit m'offenser sans risque à la honteuse faveur de l'impunité !... Sire de Gombault, quand vous me répondiez de son *noble cœur*, vous deviez savoir qu'il était sujet à félonie. Vous aussi m'avez porté dommage..... Ainsi le métal de bas aloi peut emprunter l'éclat de l'or dans les mains de la fraude et tromper l'acheteur confiant... Vrai Dieu, où m'emporte une ire désordonnée!... Et qui eût mis en doute les vertus héroïques que j'admirais en lui, sans paraître à mes yeux prévenus le vil enfant de l'imposture?... Dame Alix se prit à dire : Par le respect que je dois à monseigneur, j'ai la croyance que sire de Gombault a trempé en ceci, par ce que le troubadour m'a dit.

— Le chevalier de Jugny tient à grand estime un sien ami d'une gravité reconnue, lequel lui a donné connaissance que le seigneur de Mexpres avait vendu le restant de ses biens, et qu'ainsi il lui conseillait de rejeter damoiselle Aloïze comme un trop faible parti; or, qui peut avoir donné ces renseignemens et ces avis, si ce n'est sire de Gombault?

— O gouvernante effrontée!... Si vous n'étiez femme, votre ignoble sang eût expié les blasphêmes que vous venez de proférer sur mon ami et loyal frère d'armes, cria mon père en bouillante exaspération, montrant ainsi la véritable opinion qu'il avait de son ami, quoiqu'il l'eût accusé dans l'oubli du désespoir. Ce que voyant dame Alix, elle se mit à geindre et à protester « qu'elle n'avait raconté le dire du troubadour, que par affection à moi et à son seigneur, et non en guise d'offenser sire de Gombault. » Tandis que dame Alix se disculpait, mon père tournoyait la chambre à pas précipités, et mettait en morceaux la fatale lettre; puis tout subit il s'arrête, et ces mots retentissent dans l'appartement : Quand on saura l'opprobre du chevalier de Jugny, cité avant comme un fanal de loyauté, l'honneur de l'ordre entier n'en recevra-t-il pas atteinte?.. ainsi qu'un couard ne peut se dire le compagnon de vaillans hommes sans les entacher d'ignominie. O! saint ordre de chevalerie, est-ce sous ton égide sacrée que doivent se réfugier les traîtres !... Ici une larme, la première que la honte eût fait couler, vint mouiller l'œil ardent de mon noble père.... Allons, allons, fille d'un chevalier sans reproche, levez-vous, vous commettriez un grand péché si vous conserviez un regret; levez-vous sans demeure.

— Je le veux volontiers, cher seigneur, dis-je accablée de nos communes douleurs.... Mais au même instant la fièvre chaude me saisit au cerveau; et, pendant six semaines, tout fut chaos pour moi. L'engourdissement du jugement dans les chagrins sans mesure est une insigne faveur du ciel.

Ma maladie fut longue et périlleuse. J'en restai si appauvrie, que je n'avais plus que le souffle.

— Je vous le dois, disais-je languissamment à mon père et à sire de Gombault, s'il m'est devenu supportable, c'est seulement parce que vous m'aimez. Le passé me paraissait un songe fatigant. Ma mémoire affaissée ne pouvait faire d'examen, sans que tout ce qui fut sensible en moi n'en restât gravement endolori. Monseigneur mon père, s'étant avisé que l'aspect de l'écuyer du damoisel m'était pénible, le pressa de retourner à son maître. Il s'y refusa, tant il avait épousé le ressentiment de mon père comme neveu de dame Alix; sire de Gombault l'attacha à son service.

Lorsqu'avec la santé je repris mes habitudes, je me ressouvins de ma mie Praxède.

—Laissez-moi la voir, disais-je à mon père, vous ne devez pas la confondre avec Eginard. Sire de Mexpres me refusa net, et pour détruire toute possibilité, il lui écrivit ce billet :

— N'en veuillez à ma fille, si elle rompt tout commerce avec vous; c'est moi qui le lui ordonne; moi, qui suis son père, vous devez induire de ceci que votre frère est un lâche, et que je ne veux d'accointance avec qui ne ressentirait à l'égal de moi l'injure que j'en ai reçue.

Mes prières ne purent obtenir que cette dure lettre ne fût envoyée. C'était le dernier sacrifice : je le fis en gémissant, et l'amitié fidèle se trouva immolée au perfide amour.

Cependant on n'ignorait plus aux alentours ma rupture avec le chevalier. Les témoins de nos accords vinrent à Mexpres nous en montrer leur mécontentement; chez quelques-uns c'était sans feinte, d'autres y mélangeaient un brin de cette satisfaction dont on ne se peut rendre compte en les malheurs d'autrui. Je me dispensai de recevoir ces visites : le mal qu'on se croyait obligé de dire du chevalier, m'en eût trop fait à moi-même.

Par tout ce que j'ai expliqué ci-dessus, on se souviendra, que le jour malencontreux que je fus promise au conquérant de l'étendard du soudan, il dînait au château un seigneur provençal. Je n'en ai plus parlé depuis, pensant qu'il n'importait guère. Or ce seigneur, riche en patrimoine et issu d'honorable souche, devait retourner à Marseille, résidence de sa famille. Devinez qui il requit pour compagnon de voyage? La dolente Aloïze. Et mon père,

aussi prompt à accepter ce second prétendant que le premier, ne laissa à terminer
que la cérémonie. En apprenant cette décision, je me crus frappée du tonnerre ; le
désespoir s'empara de moi. Vivre seule, vivre
auprès de vous, voilà mes seuls souhaits,
m'écriai-je, éplorée. C'est une torture horrible de laisser piller les tendres droits d'a-
mour à qui ne vous inspire que répugnance... Ah ! cher seigneur ! n'employez point
votre absolu pouvoir à me précipiter en
tel noir abîme, lorsque mon cœur, saignant
encore d'une récente brisure, regrette et
chérit ses illusions perdues. Mon père me
repoussa sans vouloir rien entendre : son
orgueil offensé ordonnait mon mariage
pour prouver au chevalier de Jugny qu'A-
loïze de Mexpres n'était dédaignée de qui
le valait.

Le bon seigneur de Gombault s'apitoya sur moi.

— Pourquoi tant vous désoler, Aloïze... Quand vous le connaîtrez, vous aimerez votre prétendu. Croyez-moi, on voit peu de mariages ourdis en la cécité des passions qui soient heureux. En l'état où vous êtes, vous ne pouvez juger sainement.

— Me fait horreur jurer foi et tendresse à qui jamais je ne pourrai aimer... Si ce funeste hymen s'accomplit, j'en mourrai. Cher sire, intercédez pour moi !

— Ne voulez-vous jamais contracter mariage ?

— Jamais, si mon père le permet.

— Vous êtes bien jeunette, damoiselle,

je crains qu'en quelques ans d'ici vous ne
vous repentiez d'avoir rejeté un mari aimable et jeune : peut-être qu'alors vous en
prendriez un vieux.

— Je l'aimerais mieux, sire de Gombault.

— Dites-vous vrai ?

— Vrai.

— S'il me ressemblait, je suppose ?

— Je souris à travers mes larmes. Vous
êtes déjà mon plus consolant ami.

— Eh bien, damoiselle, je vais trouver
sire de Mexpres, et ne le laisserai qu'avec
sa promesse d'éconduire tout jeune soupirant.

Me voilà soutenue par ce peu d'espérance

qui ne fût point trompeuse, car sire de
Gombault m'annonça que mon père me
rendait ses bonnes grâces et congédiait le
seigneur provençal. Cela fait, je me trouvai
débarrassée d'un que je ne pouvais aimer,
et en liberté de mes actions.

L'intérieur du château redevint paisible.
Las ! s'il en eût été de même du mien, je
me serais crue reportée au temps où dame
Alix inspectait ma toilette. Puisque je m'en
rappelle, je veux raconter ce que je lui
répondis une fois que j'étais plus nuageuse
que de coutume, et qu'elle usait d'un hy-
pocrite empressement à me distraire.

— Je ne peux m'esjouir, dame Alix;
bien que je m'efforce; il suffit qu'il me
vienne souvenance de lui, et sitôt j'ai envie
de pleurer.

— Vous pouvez le croire, damoiselle ;
si un autre pouvait prendre la charge de
vos maux, je la lui souhaiterais.

— Ah ! repris-je, même par la plus juste
représaille, je n'en voudrais charger mon
ennemi.... Si possible en avait celui qui de
la vie ne méfît à aucun, vous le savez,
gouvernante, mon pied s'écarte de l'insecte
pour ne pas l'écraser.... Loué soit Dieu qui
m'a départi tant grande mortification !

— Il se peut, damoiselle, que le délaissement que celui que vous aimez a fait de
vous, soit en punition de quelque injustice
de votre père ou mère : Dieu vengeant sur
les descendans les crimes des pères, ainsi
qu'on le lit en l'histoire de son peuple.

— Presque suffoquée d'indignation,

j'interrompis dame Alix, et avec un impo-
sante dignité je lui dis ceci :

— Observez désormais, sous peine de
châtiment, proportionné à votre ingratitude, de n'employer auprès de moi de pareils prétextes : je ne supporterais d'aucun,
de pareils outrages, et de vous ils m'offen-
sent doublement : vous, honorée longues
années de l'affection de madame ma mère,
qui vous traita en sœur, quoique vous ne
fussiez née que de sa nourrice; qui mieux
que vous devrait révérer la mémoire de ma
tendre mère, dont la pure vie ne fut souillée
ni d'injustice, ni de crime; et quel pervers
dirait différemment de monseigneur mon
père, qui mourrait plutôt qu'ébrécher son
honneur? Jusqu'à présent vos avanies n'at-
taquaient que moi; aussi j'ai dédaigné de
m'en plaindre. Mais quand vous oubliez le

saint respect que vous devez aux auteurs de mes jours ; je serais coupable de me taire, et sire de Mexpres en sera instruit.

Ma gouvernante épouvantée me cria merci ; elle si arrogante, me suppliant de ne point prévenir son seigneur contre elle. Voyant que ma réprimande avait eu son effet, je le lui promis, et depuis elle fut plus discrète.

La hideuse séquelle des chagrins se va traînant sur une même file et si proche les uns des autres, que leur souffle enflammé se confond ; une de leurs mains décharnées s'ouvre pour saisir la proie. L'autre est armée d'une dague acérée, toujours prête à poindre. Rarement les cruels s'en tiennent-ils aux premiers coups ; ils les redoublent, jusqu'à ce que le pauvre cœur martyrisé n'offre plus de place saine. Ainsi, l'ai-je expérimenté tant et plus que ne peux le dire, quand mon bonheur s'est trouvé surmonté par l'adverse fortune.

Lorsque le seigneur de Mexpres eut la conviction par le message du damoisel de Jugny, qu'un chevalier pouvait se dégrader jusqu'à fausser la foi jurée, il se fit en ses esprits un revirement d'autant plus affreux, que par l'extension qu'il donnait au méfait, il croyait que l'ordre entier de chevalerie devait en être confusionné; et quand le mépris éteignit en lui l'indignation, il souffrait encore de la persuasion que sa fille ne l'éprouvait point comme lui. Joint à cela ses inquiétudes sur ma santé, et de ces déplaisances réunies se forma le germe de la maladie dont il fut atteint; et qui en peu de temps le poussait à sa fin.

L'état de mon père rouvrit mes yeux aux pleurs. Les médecins les plus experts se rendirent à Mexpres; je leur demandais de sauver mon père, comme s'il eût dépendu de leur art d'annuler l'irrévocable arrêt du destin. Ne pouvant me le promettre, ils me péroraient des discours sententieux, croyant me consoler, et par cela même ils me désolaient davantage.

Et dites-moi! ô mon cœur failli! ce me dis-je à part moi, en si peu de temps révolu, n'avez-vous pas connu tous les mensonges de ce monde?... Et ces affections trompeuses qui vous avaient enivrée, et que vous pensiez durer à toujours, ont jeté leur masque en fuyant, après avoir ravagé votre paix. Pouvez-vous en douter après tant de mécomptes, qu'il n'est ici-bas ni bonheur ni repos durable?... Ah! cher père et bon seigneur, obtenez de Dieu qu'Aloïze vous suive. Sinon, vous me laisserez comme l'arbrisseau, sans appui, triste jouet des bourrus aquilons, tant qu'à la fin il est déraciné. Que ferai-je en cette vie sans votre aide, comment me garantir des piéges que le vice rusé tend à l'inexpérience, et du malheur qui menace l'orphelin ?... Oh ! il vous suffira de penser un instant sur tant de risques et de périls pour ranimer votre force. Las ! j'avais beau me réclamer de celui qui ne pouvait rien entendre, en son agonie de mort !

Un soir étant à prier tout bas au chevet de son lit, j'entendis sa chère voix :

— Êtes-vous là, Aloïze ?

— Toujours là, mon père, fis-je en sursaut. Toujours auprès de vous ; Dieu veuille ne pas nous séparer, ni en ce monde, ni en l'autre.

— Je me trouve plus calme ; aussi veux-je en profiter pour vous instruire qu'il dépend de votre libre volonté d'amener la paix sur ma dernière heure. Certes, ce n'est pas de votre soumission qne je veux rien exiger , mais de votre raison seule.

— Ah ! cher père , tout le semblable de Dieu pour moi... Rien qu'à vous entendre, je me sens tressaillir... Il me semble que la santé vous revient déjà pour le bonheur de votre fille, qui à tout jamais vous jure respect et obéissance.

— Vous êtes une bonne créature , mon aimable Aloïze ; si vous n'aviez refusé le seigneur provençal , je n'aurais nul repro-

che à vous faire. Pour ne pas vous contraindre, je l'ai congédié, et quoi qu'il m'en
coûtât, je vous eusse laissé vivre à votre
guise, si ma mort ne vous ôtait tout soutien
sur la terre ; qu'y ferez-vous tant jeunette
et belle?... J'ai assez feuilleté le livre de la
vie, pour vous augurer un triste avenir,
si vous suivez le sentier tortueux de l'erreur ; nonobstant les avisemens d'un père.
Eh ! à qui gardez-vous cette amour folle !
à un ingrat perfide, qu'à la honte de votre nom vous continuez d'aimer. Or, avi-
sez donc s'il y va tellement de votre repos à
venir, que vous ne puissiez accomplir les
vœux d'un père mourant.

Pendant que sire de Mexpres parlait d'un
pénible effort, j'étouffais mes gémissemens
pour ne pas l'interrompre, et recueillir ses
paroles sacrées. Mille pensées de sublime

dévouement m'exaltaient et me disaient avec véhémence : « Malheur à l'enfant rebelle qui rejette le vœu d'un père mourant, dût-il lui en *coûter son repos à venir*. » Et d'après ces inspirations, je m'écriai : Je ferai à votre gré, mon père, vous ne pouvez rien exiger de moi dont je ne retire la récompense au centuple; pardonnez-moi ma désobéissance passée, pour que je sois ainsi pardonnée par celui qui commande soumission aux parens. Et ma figure en larmes posait sur son front vénérable. Alors sire de Mexpres me dit de l'aider à se mettre sur son séant; et, quand ce fut fait, il me couvrit le chef d'une de ses mains, et, élevant l'autre :

— Beau sire Dieu, qui serez tôt mon juge, laissez pénétrer jusqu'à votre trône mes prières pour ma fille; j'appelle sur sa tête chérie toutes les joies et bénédictions saintes que vous réservez aux enfans pieux. Que ceux qui doivent naître d'elle fassent sa consolation, ainsi qu'elle a fait ma consolation et ma joie.

Et voilà comment s'exprima mon géniteur avec un saint enthousiasme; heureux sur tous, l'enfant ainsi béni ! un souvenir si auguste l'accompagnera aux portes du tombeau pour en écarter les terreurs.

Notre émoi nous fit immobiles quelques instans. Ensuite mon père continua :

— Tu peux élire entre deux, Aloïze; il s'est offert récemment un nouveau parti.

— Eh quel? demandai-je ébahie.

—Mon plus estimé et digne ami, le seigneur de Pouvelle.

— Je restai muette.

— Tu préfères le jeune, n'est-il pas vrai?

— Celui que vous voudrez, mon père; je n'ai point de vouloir.

— Tu t'en remets à ma décision?

— Vraiment oui.

— Eh bien, ton père mourant te lègue à sire de Gombault, comme au plus homme de bien.

— Cher sire, j'obéirai.

Le malade se trouvant fatigué me dit de le laisser. Je fus m'asseoir au fond de la chambre sans m'occuper de ce que je venais de promettre. Tout occupée du danger de mon père, je ne pouvais rester en place et à chaque instant je m'avançais en tapinois pour l'observer... Il sommeillait quiètement, et son teint se colorait... O! quels flots de bonheur entraient en mon âme! la légère espérance voletait autour du lit, et la laide mort se trouvait frustrée. Beau seigneur Jésus! vous aviez eu pitié de l'orpheline... J'accourus prendre le médecin, et sans bruit nous regardâmes le malade. Le médecin ému m'entraîna hors de la chambre, et me dit:

— Il est sauvé, damoiselle. Il s'est opéré une crise; je ne me vante pas que ce soit mon savoir : il vient de plus habile.

— C'est moi, lui dis-je avec transport, c'est moi! heureuse que je suis... Dites, messire, pensez-vous qu'il y ait sous la cape des cieux un bien, tant désirable qu'il soit, qui vaille la vie d'un père?...

— Je ne sais lequel se doit féliciter le plus ou du père qui a une telle fille, ou de la fille qui a un tel père, ce me répondit obligeamment le médecin. Dans ces entre-dites, le malade se réveilla soulagé, et de-puis, chaque instant lui rendait la santé.

Tranquillisée sur mon père (ce que c'est que l'instabilité de nous), je sentis en mon cœur mal dompté des élans de passion et de langueur mortelles. Je m'étonnais d'a-voir tant promis et voulais me dédire. D'au-tres fois, condamnant les larmes que je ver-sais secrètement, je faisais ma figure allè-gre, et, le sourire errant sur mes lèvres cé-lait l'intérieure combustion. Ainsi on voit des monts émaillés de fleurs et de verdure, recéler en leurs flancs des volcans destruc-teurs. Le jour de la cérémonie venu, nous nous rendîmes à Pouvelle. Mon père me nommait sa chère fille, son enfant bien-aimée... Ces tendresses paternelles se confondirent avec le mot redoutable qui m'interdisait jusqu'au douloureux plaisir de penser au chevalier de Jugny.

Je le confesse avec repentance, je ne pus à ce point commander au sentiment révolté que, durant le repas, je ne misse en parallèle, par très-grand crève-cœur, la chauveté de sire de Gombault, son teint jaune et flétri (et on soupçonnait qu'une maladie interne en était la cause), son dos courbé, avec le trop aimable visage, les cheveux touffus et luisans ainsi que des flocons de soie brune, et la taille svelte du beau damoisel, sans que l'équité me remontrât la foi mentie de l'un et les vertus de l'autre.

Sire de Gombault arrêtait sur moi les

regards d'un tendre protecteur. Les convives contraints semblaient appréhender
de donner lieu à la moindre allusion ; et,
de fait, la plus simple m'eût suffi pour
fondre en eau, comme le vase trop empli
qu'une goutte de plus fait déborder. Aussitôt qu'on sortit de table, je profitai de la
confusion pour m'enfuir en ma chambre,
sans réfléchir à ce que je faisais. Alors, me
trouvant devant un miroir, je levai mes tristes yeux sur mon image et je fus éblouie : les
ornemens et joyaux dont j'étais couverte
auréolaient entour de moi une vive lumière.
Je me mis à dire très-orgueilleuse : Il re-
viendra le perfide, il me verra dans la splen-
deur de la beauté et des richesses ; il gé-
mira de son abandon... Et moi, le regardant
avec le calme de l'indifférence, je lui ren-
drai plus que du mépris. Je me pris à pleurer en soupirant ces derniers mots, ex-

pression inverse de leur vrai sens. Ah! mal
apprise! fis-je en sanglottant, il faut un
autre baume à ta plaie, que celui que t'offre
la vanité... Loin de moi, vains ornemens;
votre faux éclat ne dissimule la douleur
qu'aux regards stupides; sous votre pompe
trompeuse vivent les ennemis dévorans,
les regrets inquiets, les alarmes et tous les
maux qui prennent possession du cœur;
loin de moi, vous ne pouvez me rendre la
paix que me ravit son parjure, et je défis
et brisai mon riche corps de jupe. Comme
le prince de l'Enfer m'excitait à cette ré-
bellion, j'aperçus le portrait de sire de
Gombault, vivant de ressemblance; de
prime abord je crus que c'était lui... Grâce!
grâce! m'écriai-je éperdue, d'un amour
méconnu je punirai la honteuse faiblesse...
Grâce et pitié, digne seigneur! Ah! quel
est celui, si affermi qu'il soit, qui n'ait eu

besoin d'être reconforté par la généreuse indulgence? et je rajustai de mon mieux ma parure déflorée. En rentrant dans la salle, je remarquai que sire de Gombault n'y était point, et ce ne fut qu'après deux heures d'absence qu'il revint, et si pâle que je me mis en grande appréhension. Il m'a vue! pensai-je; n'osant avancer, lui-même s'approcha du coin où je m'étais tapie, plus morte que vive; et comme il me parla avec sa bonté coutumière, je perdis la crainte de l'avoir offensé; mais le regret de m'y être exposée s'en augmenta.

Cependant la nuit silencieuse étendait son manteau ténébreux; les convives, lassés d'une si triste fête, se retirèrent. Mon père en fit autant, après nous avoir embrassés d'amitié satisfaite, son gendre et moi; avec lui disparut mon courage. Je demandai dame Alix, qui le matin m'avait suivie. Sire de Gombault m'apprit qu'elle avait quitté le château depuis quelques heures, ainsi que son neveu, qui s'était fait chasser par son libertinage. Cette réponse me persuada que mon époux, voulant m'ôter tout ce qui pouvait me rappeler le chevalier, avait saisi un prétexte pour renvoyer ces deux personnes. Le lendemain, j'appris que dame Alix s'était retirée chez les nonnes, de quoi je restai en grand étonnement.

Sire de Gombault m'offrit la main; et, me faisant traverser les appartemens illuminés, il s'arrêta devant le mien :

— Votre parure vous gêne, Aloïze, allez la quitter. J'attends ici que vous me permettiez d'entrer chez vous. Mes femmes me déshabillèrent de mes habits de noces. Dieu des faibles, ne m'abandonnez! disais-je entremoi. Quand leur office fut fini, elles se retiraient; je m'avancai soudainement, transie d'effroi. Ah! par pitié, restez encore!... et, me reprenant aussitôt, parce que ma conduite était messéante, j'ajoutai : Ne voyez-vous pas que je vais m'habiller derechef? Elles ne tardèrent guère à me faire prête. Sire de Gombault entra; nous restâmes seuls. La voix de mon époux me parut altérée; pour son visage, je ne sais, à cause que je tenais le mien baissé, aheurie que j'étais ainsi qu'une brebiette égarée.

— Aloïze, levez sur moi ces beaux yeux qu'oppresse une pudeur souffrante; avez-vous déjà oublié que je suis votre second père...? un titre de plus, que je n'ai désiré d'obtenir qu'afin d'avoir le droit de vous rendre heureuse, doit-il transmuer en contrainte l'amiable bienveillance que vous me témoigniez?... Il n'en sera plus ainsi quand vous saurez qu'il ne peut vous arriver nul mal que je ne voulusse le détruire ou le partager. Je ne suis point étranger aux agitations de l'âme, je pourrais même en être médecin, connaissant par expérience comme se traitent de telles maladies. Les remèdes violens leur sont contraires, en guise d'éteindre la douleur ils ne font que l'engourdir, et ensuite elle se réveille tant plus violemment.

— Ah! cher sire, en votre sagesse sans seconde, vous excuserez les faiblesses d'autrui, dis-je confuse à fait.

— Gardez-vous de rien exagérer, Aloïze, ici-bas il n'en est qui ne faille; et moi aussi j'ai été débile..., et pour cela, votre cœur

si pur n'exhalera point un soupir, qui n'aille
vibrer au cœur du vieil ami... Si cette
longue journée ne vous a trop fatiguée,
je vous conterai mon histoire afin que
vous connaissiez votre époux.

Je m'empressai d'être attentive. Sire de
Gombault commença ainsi ou approchant,
car il est rare que celui qui va redisant,
n'y mette un tantinet du sien.

— Le comte de Gombault, mon aïeul,
dans la distribution de biens qu'il fit à ses
deux fils, avantagea mon oncle, comme
l'aîné, de la terre de Pouvelle où nous
sommes, et des fiefs qui en dépendent; et
ces biens devaient, si mon oncle mourait
sans géniture, revenir à la branche cadette
dont j'étais le seul rejeton. Mais dix ans
d'infertilité d'un premier mariage et cinq

ans d'un second, ne laissaient pas présager
à mon oncle que cesserait la stérilité de sa
couche ; lorsque mon père mourut le laissant chargé de ma curatelle, jusqu'à ma
majorité.

A ce moment désastreux, je me trouvais
en Ibérie, simple servant d'armes à la suite
d'un vaillant seigneur, ami de mon père.
Je quittai mon protecteur et vins en toute
hâte recevoir sa bénédiction et ses derniers
soupirs. Après les obsèques, je me déter-
minai d'aller visiter mon oncle. Je ne l'a-
vais jamais vu et me sentais disposé, venant
de perdre le meilleur des pères, à reporter
mes affections sur celui qui devait m'en
tenir lieu. Plusieurs gens m'objectèrent que
ma tante, fièrement dédaigneuse et d'un
caractère chagrin, vivait mal avec son
époux, et recevait déplaisamment les amis

d'icelui. Bon, dis-je, en lui portant une soumission respectueuse, je lui éviterai d'exercer sur moi sa méchanceté. Dans cette disposition, je partis du Dauphiné pour me rendre à Pouvelle. Ayant préalablement annoncé ma venue à mon oncle, en mes pensées de deuil je n'avais guère pris garde aux diversités du voyage, et même j'étais presque devant Pouvelle s'en m'en apercevoir, lorsque le chemin me fut barré par une gaillarde troupe de cavaliers, dont l'un était mon oncle, allègrement convoyé de ses amis. A la vue d'un si proche parent, mes yeux se remplirent de larmes et je me mis à sanglotter.—Ça, mon neveu, dit le comte de Gombault, foin de tristesse... Assez d'un jour pour d'inutiles regrets... Passe si vous les aviez d'être arrivé à l'âge d'homme aussi simple qu'un oison ; certes, je l'eusse parié à coup sûr, que le bonhomme défunt

me taillait besogne : pourtant l'étoffe me
paraît belle et méritant d'être ouvragée. Et
se tournant devers ses convives : Ce jeune
gars, frais et dispos, m'appartient par droit
d'aubaine; amis, je vous le fie et confie, à
vous, maîtres passés en faits aventureux
de joyeuse vie, afin que de lui sorte un
bon compagnon.

Vous pouvez concevoir ma stupeur à
cette scandaleuse réception; je dissimulai
en frémissant; mon oncle et sa compagnie
étaient dans l'ivresse du vin.

Rendu au château, je m'enquis respectueusement de ma tante, le comte me répondit : « Je vous tiens pour inepte, beau
fils, puisque vous ne savez les statuts et les
réglemens de la seigneurie de Pouvelle.
Or, apprenez-les et conservez-les en votre

conception, pour les maintenir à votre tour. En premier lieu, le seigneur de Pouvelle doit se délier des courroies de l'hymen; les tristes conjoints qui en sont garrotés, vont piétinant l'un amont, l'autre aval, chevauchant de pire guignon sur d'épineuses broussailles, et le plus fort entraînant le plus faible, ce dernier se trouve renversé et foulé, contre le droit naturel qui veut juste parité.

» *Item*. Il sera réparti entre le comte et la comtesse, égale licence et liberté; deuxièmement, le seigneur de Pouvelle doit être le très-gracieux patron de toute gente bachelette en souffrance, et par lui elle sera assistée jusqu'à pleine satisfaction; tiercement, le seigneur s'aidera de diligens compagnons, afin que par eux il soit représenté, si par défection de nature ou de maladie, il ne pouvait vaquer à ce que dessus. Seront réputés bons compagnons et dignes d'admission, les apôtres zélés de doctrine joyeuse. »

Le seigneur de Pouvelle avait déjà trop parlé ; je l'interrompis. Par l'ombre indignée de mon père, je jure de ne laisser aucun accès dans mon âme à telles mœurs licencieuses, et d'y conserver en adoration la pure morale que j'ai apprise de lui.

Bien que ma voix s'élevât avec véhémence, à peine fus-je entendu, tant étaient tumultueusement bruyantes les acclamations qu'ils donnaient à l'envi à la péroraison de mon oncle ; tandis que ma répartie me valut forces moqueries de la part de six dames, lesquelles tour à tour maîtresses, faisaient les honneurs du château... Mais chut. Ces immondes détails ne doivent pénétrer vos oreilles pudiques.

Deux mois passés à Pouvelle n'amenèrent à fin ni ma répugnance ni mes affaires. Et trop mal voulu de mon oncle, pour avoir avec lui aucune intimité, je m'étais fait libre de sujétion, et vivais dans le château comme un étranger; le cœur navré de stérile compassion en voyant ces misérables vassaux dîmés par l'injuste pouvoir, apporter dans un morne silence le fruit de leur labeur pour subvenir à d'or des excès. Outre qu'ils étaient tenus en une telle épouvante par mon oncle et ses parasites amis, qu'il ne me fut jamais possible de parler à aucun; ils me fuyaient ainsi qu'un loup cervier, parce que j'étais le neveu de leur maître.

Cependant la fortune me réservait une

compensation d'autre part, en l'amitié du baron de Mexpres, depuis votre père; et au temps d'alors, jeune et hardi jouvenceau. Je l'avais connu en Ibérie, d'où il était revenu préparer son père à une plus longue absence, puisqu'il allait à l'armée des croisés. Le seigneur sous lequel je servais portait aussi ses armes en Syrie; le baron et moi, résolûmes de partir ensemble, nous jurant loyalement fraternité d'armes et de cœur; et d'après cette détermination, je ne songeai plus qu'à quitter le château.

La veille de mon départ, à la tombée du jour, mon oncle et les siens prenaient le frais sur la fougère, quand leurs joyeuses clameurs cessèrent tout à coup; les dames se dispersent et les hommes se lèvent d'un commun mouvement. — C'est votre tante qui s'en vient ici, me dit un de ces désœu-

vrés en s'avançant avec les autres du côté
du parc, tandis que je me sentis déplaisamment surpris de cette arrivée subite, ayant
tenu à faveur d'éviter une dame si repous-
sante en ses façons, selon les rapports
qu'on m'en avait faits et que je crus au dessous du vrai en voyant le rabat-joie complet que faisait sa venue sur ces gens qui
ne craignaient ni ciel ni terre, d'où je con-
clus que la châtelaine était méchante en sus
de tout. Et naturellement, en ma répugnance, je me tins en arrière et même je
me serais caché si mon oncle, sur ses jam-
bes mal affermies, ne m'eût crié de tout
l'effort de son gosier :

— Eh! beau fils, voyez-vous fuir ces
femelles ainsi que des chèvres effarées...
Ah! que je m'esjouis à leur plaisante course!
coup sûr elles se vont fourvoyer dans les

dédales de pins... Beau cher neveu, lancez-vous après elles et ramenez-les au bercail : quand le berger fait face au loup, faites l'office du chien qui veille.

Et comme je ne bougeais, il m'accoste en chancelant.

— Eh donc! puisque vous avez peur de courir après six, allez au moins par devers une. Voyez-vous cette litière qui s'arrête à côté d'ici? Là-dedans est la châtelaine. Présentez-vous devant elle, et, de bout en bout, débitez-lui ce message : Dame châtelaine, ni le vent d'autan en furie, ni grêle tombant à dru sur grappe mûre, ne font un si grand dégât que votre arrivée céans...

Ce disant, mon oncle s'en va trébucher

contre une table et s'étend de son long parmi les coupes fracassées. Au cri qu'il poussa, parut précipitamment une dame qui m'assista de son aide pour relever le comte abruti; puis, se tournant vers moi, et comme si je l'eusse dû connaître :

— J'ai su depuis peu seulement que vous étiez en ce château et le malheur qui vous y a conduit. Croyez, mon neveu, que j'ai bien compati à votre chagrin... Il doit être sans bornes si vous le proportionnez à la perte... Mais l'ombre d'un père veillera sur vous, si, en quelque lieu que vous soyez, vous ne vous départez des vertueux principes qu'il vous a donnés durant sa vie, digne en tous points autant que possible.

Voilà les mots que prononça sa voix mélodieuse avec l'accent flexible et doux que doit avoir l'ange de paix.

Si les ténèbres et le voile noir de ma tante ne m'avaient offusqué ses traits, mon envie curieuse eût été satisfaite ; mais quelle rouge honte eût-elle lue sur mon front... Mes préventions me parurent un crime après l'avoir tant seulement entendue. Je balbutiai quelques phrases que probablement elle n'entendit, et auxquelles je n'aurais pu déterminer de sens, troublé et repentant que j'étais.

Les amis de mon oncle étaient en suspens, s'ils iraient rejoindre leurs dames ou s'ils attendraient que le lourd somme du maître fût achevé. La comtesse les décida, quand de la plus courtoise manière elle les convia à souper en sa compagnie ; surpris,

ils acceptèrent et me surprirent davantage
en se comportant comme d'honnêtes gens,
tant le vice perd de son audace devant la
vertu.

Placé à côté de ma tante, je recueillais
toutes ses paroles, si amiables et polies à
tous, qu'un chacun s'extasiait de l'ouïr et
de la mirer. Chose à remarquer, certes, de
ces hommes accoutumés à une vie de cor-
ruption ; si bien que j'aurais cru que c'é-
tait de sa part une prétention orgueilleuse
de produire de si subits effets. Mais par la
suite, je discernai la belle candeur de son
âme et sa modestie, qui ne cachait qu'à elle
seule les qualités et les séduisans attraits
dont elle était apanagée.

La dame de Pouvelle avait vingt-cinq
ans ; son corps unissait à des grâces non

pareilles, un décent abandon qui subjuguait les plus rebelles; son visage, en ses traits si délicatement façonnés et assortis, n'aurait laissé désirer à aucuns que des couleurs plus vives, et à moi me parut mieux touchante, et beaucoup plus, sa tant douce expression; ses cheveux noirs et lustrés annelaient sur soncol, gracieux comme celui du cygne; et cette enveloppe, toute de charmes, s'animait en ses moindres mouvemens par l'instigation d'une âme aussi belle.

C'était là l'épouse de mon oncle... Celui dont la calomnie essaya de l'atteindre est maleficié à toujours, me disais-je, me remémorant ce qu'on m'avait dit; et de tous ces rapports, il n'y avait de vrai que son humeur mélancolique. Le rire joyeux n'entr'ouvrait jamais ses lèvres, mais plutôt un soupir mal retenu; sérieuse sans froideur, elle parlait peu, mais cela qu'elle disait se gravait en la mémoire, ainsi je l'éprouvais quand elle m'enseignait cela qui est bien et me formait le cœur d'un honnête homme; je l'écoutais avidement, croyant entendre la sagesse de mon père inciter la beauté à me rendre meilleur.

Cependant, à mon grand souci, le temps de mon départ s'avança, il fallait suivre votre père ou trouver un prétexte pour rester après lui. La passion qui me travaillait me fournit l'idée de dire que, mon oncle n'ayant pas fini les affaires concernant la succession de mon père, je ne partirais qu'après leur conclusion. Voyez, lui dis-je tout confus, en quelles prodigues mains se trouve ma fortune.

— Mon père nous enverra toute la

sienne, me répondit Bertold; et certes,
quand le roi et l'armée vous attendent,
dussiez-vous hériter des trésors de Salo-
mon, vous ne les troqueriez contre votre
part du premier choc? Aloïze, je vous fais
cet aveu à ma très-grande coulpe, vous allez renverser l'autel que m'aviez élevé. Je
mis à néant la sainteté de ma promesse,
les devoirs d'un sujet fidèle et d'un brave
guerrier; et, m'enveloppant moi-même dans
un réseau d'ignominie, je laissai croire au
plus généreux des preux qu'un vil intérêt
avait plus de puissance sur moi que la voix
de l'honneur. Votre père détourna la vue
de dessus moi. Il fut quelques minutes
comme un homme qui cherche en vain à
comprendre ce qu'il entend: puis il me
quitta brusquement sans déclore la bouche,
et je ne le vis plus. Je cherchais à détruire
l'amertume de ce souvenir dans la compa-

gnie de madame ma tante; déjà je ne vivais
plus que de ses beaux regards, lorsqu'elle
changea tout à coup, sans que je pusse en
deviner la cause. Les momens où j'étais
favorisé de sa loyale accointance, furent
plus rares et plus courts; parfois elle me
parlait avec distraction, parfois avec un
air sévère qui me transissait. Mon respect
me liait la langue à requérir merci pour
les manquemens que sans doute j'avais
commis, puisqu'elle devenait sans miséricorde pour moi, elle si clémente! Ensuite m'observant minutieusement, il me
semblait ne point mériter un pareil traite-
ment d'une dame si indulgente pour autrui, et sur cela je m'affligeais et me conso-
lais ensemblement, par la croyance que les
inégalités de son caractère provenaient des
chagrins que lui faisait son époux.

Un jour (depuis quatre je languissais

sans l'avoir vue), elle me manda en sa présence et me parla de la sorte : J'ai refusé
de vous voir, mon neveu, pour n'être pas dé-
tournée en des occupations qui me tenaient
à cœur, puisqu'elles vous concernaient. —
Votre oncle m'ayant permis de traiter vos
affaires, je les ai mises en tel état que vous
pouvez suivre les damoisels de votre âge,
qui, au lieu de se délicater, vont quérir
renom de gloire et périls par honneur.
Vous désagrée telle perspective ?

— Il y a trois mois que je la voyais briller de rayons immortels !

— Il y a trois mois ! Eh ! pourquoi n'en se-
rait-il de même présentement ? Nobles ar-
deurs de renommée ne décroissent en l'âme
magnanime.., elles s'avivent et se renforcent
à mesure que se développent les désirs du

cœur... Il faut partir demain sans délai.....
vos intérêts restent à ma charge, et si le
sort vous est prospère autant que je le souhaite, vous n'aurez point à vous plaindre
de lui. La châtelaine se tut, comme touchée
de ma peine et cruelle surprise qui se ma-
nifestait sur mon visage, dont je sentis les
muscles contractés, et n'ayant pas assez
de force pour sonner tant seulement un
mot; je m'en fus si reculé d'espérance et
si pantelant, que plus j'en eusse perdu
haleine.

Je trouvai ma chambre remplie des présens de ma tante, pour mon équipement
de guerre, des armes d'une fine trempe et
de haut prix, et un surcot brodé par ses
belles mains d'une guirlande de soucis et
de pensées. Ma bouche s'attachait à ces objets et les baisait quand et quand, et le

lendemain, après m'en être couvert, je me présentai pour recevoir ses derniers ordres.

Recluse en son appartement, la châtelaine s'occupait à broder. A ma vue, elle se leva incontinent; et, sans m'adresser la parole, se tint debout, une de ses mains appuyée de l'extrémité des doigts sur son métier, et de l'autre, distraite, se jouant d'une reine-marguerite qu'elle avait prise en une corbeille de fleurs, qui lui servait de modèle. J'osai la mirer, il me parut que ses lèvres tremblaient, et que ses joues étaient plus pâles que de coutume.

Au demeurant, je ne pourrais dire, ni même alors je ne sus bien exprimer ce que me dicta ma souffrance, que pire en avoir ne se peut. Je lui requis humblement par-

don de l'avoir offensée, non à mon escient,
mais je n'en doutais au changement de ses
bontés, quoiqu'elle se montrât si généreuse... La suppliai de me bailler franc aveu
et garantie d'amitié, pour qu'à moi fût permis de conserver sa chère image en ma
pensée, lui faisant serment qu'après Dieu,
ce serait elle que j'honorerais le plus. Ce
disant, je courbai un genou devant elle,
mes yeux supplians s'élevaient vers les
siens, il me semblait que mon existence
allait à son terme, lorsque chéut dans mon
casque la blanche fleur que la comtesse
roulait entre ses doigts; ses bras destitués
de vie retombèrent le long de son corps,
et ses yeux attendris répandirent des larmes
que je sentis sur ma figure brûlante comme
une rosée du ciel. Ah! de ce moment seul
je goûtai la vie, et l'heur des élus pénétra
mon âme. J'embrassais les genoux de la

comtesse et les pressais sur ma poitrine palpitante ; et elle, penchée sur moi, échauffait de son doux respir mes joues pâlies par l'excès de mon émoi. Ma langue, enchaînée par l'amour timide, ne formait aucun son. J'étais ainsi dans la première extase d'un saint amour, lorsqu'un éclat de rire la remplaça par la terreur : le comte nous observait sur le seuil de la porte.

— Eh ! mon mignon, vous n'êtes point tant apprenti en l'amoureuse courtoisie, que vous vouliez le paraître, et lorsque je pensais niaisement que vous étiez ni plus ni moins qu'une jouvencelle, moi j'étais une dupe, de quoi vous me devez réparation, beau neveu ; après quoi nous serons amis comme devant. Cent fois sot je tiens celui qui se croit honni, et se prend de colère pour les baisers et mignotises de sa femme.

— Il n'en est point de plus haute en vertu que la vôtre, dis-je alors ; je tiens pour impie et blasphémateur celui qui démentirait mon dire. Je peux attester le ciel, qu'en prenant congé d'elle peut-être à toujours, mes regrets et mes vœux avaient la pureté des anges.

— Beau fils, laissez ce langage de moine, et m'écoutez. On sait bien à la ronde que les fêtes et les festins sont de mon goût ; mais peut-être on ignore que j'ai dépensé ce que j'avais en possession, même la dot de la châtelaine, qui, j'en suis sûr, regrette de n'avoir pris sa part de mes régals et libéralités. Il me faut donc user du bien de mes amis, et je vous dois la préférence. A présent tout doit être commun entre nous ; et vous, comtesse, n'effarouchez plus mes privés convives par cet air en dessous qui ne sied point à votre gente mine.

Le comte, en finissant ces mots, fut prendre une écritoire et du papier, et me le présentant, il me signifia qu'il me fallait faire une cession des biens qui par succession des temps devaient me revenir : et ne voulant me laisser ignorer l'usage qu'il en voulait faire, il m'en fit le détail avec une odieuse impudence. Transporté d'indignation contre le plus dépravé des hommes, je tirai mon épée, et d'un revers j'alais trancher sa misérable trame, si la dame de Gombault ne lui eût servi de bouclier. Le comte sortit en riant d'un fol rire, et ma tante, dans la stupeur que vous pouvez penser, me fit promettre de partir sans retardement. Elle n'eut pitié ni d'elle ni de moi en me donnant cet ordre auquel je dus obéir à ma déplaisance, et ainsi fut fait. Ses derniers conseils furent ceux d'une mère. « Fuyez le vice, me dit-elle, fuyezle sous quelque attrait qu'il se montre; que l'effrayant exemple de celui auquel je ne puis donner aucun titre respecté, reste en votre mémoire. Ce n'est tout d'un coup, mais par gradations insensibles qu'il est devenu si corrompu... N'en parlez jamais, pour vous venger ou pour me plaindre Non plus de moi, ne soyez inquiet. Eh! mon Sauveur! fit-elle en baisant son reliquaire, cette épreuve que vous venez de me faire subir, m'est un bon augure que mon pélerinage se va finissant. J'ai gravi le mont de douleur jusqu'au sommet... Vous seul savez s'il a été rude...; et, s'animant par cette présomption, sa figure brillait d'une joie divine, et il me semblait que la martyre voyait déjà sa place dans les cieux. Me voyant grevé de douleur, elle dit entre soi : Pauvret! si peu en avance dans la vie, il n'en sait endurer les premières peines.

Eh donc, comment fera-t-il quand il en viendra surabondance... Lors, détachant son reliquaire : Tenez, me dit-elle, il m'a appris à pâtir sans murmure; je vous en fais don. Portez-lui dévotion fervente... Las! je voulus encore tomber à ses genoux, mes paroles désassujetties de crainte se précipitaient en prière éloquente... Mais elle avait déjà repris son air austère, et forcé me fut de la quitter: moins heureux qu'elle, je n'eus point sa sublime vertu pour supporter le faix de mes adversités.

Je fus de suite à Marseille, où je m'embarquai pour rejoindre notre armée. En mettant le pied sur la Terre-Sainte, je m'enquis du baron de Mexpres. Le moindre soldat pouvait me répondre. Le baron était sous les murs d'Antioche, dont les croisés poussaient le siége vivement. Je demandai et j'obtins d'être du nombre des guerriers qu'on y envoyait encore. Je vis votre père, et, sans en être connu, je combattais près de lui : j'attendais, pour lever la visière de mon casque, d'avoir le droit de lui dire : « Efface de ton esprit la vilaine impression que ma faiblesse te donna. »

Cependant les Sarrasins envoyèrent un renfort aux assiégés, et les gens d'armes campèrent à quelques lieues d'Antioche. Notre chef demande un chevalier que rien n'intimide. Tous se présentèrent, Bertold fut choisi. Il s'agissait de pénétrer dans le camp de l'ennemi et de reconnaître ses forces. Le succès couronna l'audace, Bertold remplit sa mission ; et autant prudent que brave, il remit un écrit à son écuyer et lui fit prendre un chemin différent de celui qu'il suivait lui-même. L'écuyer revint au

camp en peu d'heures ; mais, son maître ne
paraissant pas, tout le monde fut consterné,
et moi j'avais un pressentiment que l'heure
où je devais reprendre mon rang dans l'estime du baron était arrivée ; je demandai
d'aller à sa rencontre, et quand ce me fut
octroyé, je m'élançai sur mon coursier et
pris à toute course le chemin par lequel
Bertold devait revenir. Un varlet dévoué
m'accompagnait. Nous n'avions pas che-
miné bien loin, quand un cliquetis
d'armes frappa notre ouïe, et que nous
vîmes un héros chrétien couvert de sang
et de blessures, appuyé contre un arbre et
se défendant du restant de ses forces avec le
tronçon de son épée, contre un farouche
mécréant ; deux autres, hors de combat,
gisaient étendus sur le sable. Le Sarrasin, à
notre aspect, fit volte-face ; sa bouche s'ouvrit pour injurier le nom sacré du Christ.

Mais point ne la referma, le barbare; mon glaive laboura son gosier, et son âme impure se départit du corps avant d'achever le blasphême.

A grand heur de tous, aucune des blessures de Bertold n'était dangereuse ; notre retour au camp fut une fête. Antioche fut prise quelque temps après, et votre père et moi ne nous séparâmes plus.

Enfin, après trois ans, je revins en mon pays natal, ignorant de ce qui était advenu. Ah! je l'appris bientôt avec douleur vive ! la dame de Gombault était morte, était mort aussi son époux. Leur seigneurie m'appartenait. Grand Dieu ! vous savez que je reçus ces biens comme un de vos fléaux, et cependant l'héritier cupide qui va prendre possession d'un riche avoir ne met pas une

plus diligente presse que je n'en mis à me
rendre à Pouvelle, pour visiter seul et à
loisir le tombeau de la châtelaine. Je le cher-
chai dans le caveau de mes ancêtres parmi
les autres tombes avec le triste plaisir qui naît
de l'extrême malheur, et voilà que je me trouvai auprès d'un mausolée récemment fait.
Mon cœur se creva de deuil, et les plantes
de mes pieds restèrent clouées au sol. Le
mausolée était double. Deux figures en
pierre représentaient le mari et la femme,
côte à côte ensépulturés et gisans ensemble dans le lit de l'éternité ; j'en fus indigné.
Il me paraît injuste de niveler ainsi le bon
et le méchant sans différence aucune... La
voilà donc, cette égalité de la mort !... Froide
argile, à quoi se peut distinguer pour celui
qui ne vous a connus à votre court passage,
que l'un de vous posséda toutes les vertus,
et que l'autre fut surmonté par tous les

vices ? Et m'inclinant sur le marbre qui renfermait l'ange que j'avais adoré, je lui parlai, comme si elle pouvait m'entendre, le langage incohérent de la douleur. En mon délire, je résolus de revenir avec la nuit, pour exhumer le corps de la châtelaine et et de plus m'en séparer. La nuit vint.... je l'avais attendue avec autant d'impatience que si j'avais dû revoir la châtelaine en vie; et, muni d'instrumens propres à mon dessein, j'entrai dans la chapelle souterraine... Quelles ténèbres ! Quel silence ! J'entendais distinctement la pulsation de mes artères. Arrivé près du tombeau, je posai ma lampe sur le soubassement d'un des quatre piliers qui le décoraient; une inscription frappa ma vue. Oyez ce qu'elle disait : « Homme qui veux connaître la valeur de la vie, viens interroger la tombe et méditer sur ses secrets. Pénètre du regard de ta pensée ce marbre somptueux, vois les misères qu'il enferme. Devine quelles passions, quelles haines agitèrent vivans ceux qui ores sont si paisibles! Ils ne pouvaient assez se fuir dans le vaste monde : ici trois coudées de terre les enserrent et réunissent ; l'oppresseur et l'opprimé ont entremêlé leur poussière et signé le traité d'éternelle paix ; tout s'oublie ou se pardonne au domaine de la mort. »

— Malheureux, m'écriai-je épouvanté du sacrilége que j'allais commettre... N'est-ce pas sa voix qui m'a parlé? Oh! pardonne, ombre sainte! apaise-toi, cendre irritée, désormais je ne viendrai ici qu'avec un seul sentiment ; et toi, frère de mon père, que celui qui n'a jamais dévié du droit chemin paraisse pour être ton juge ; et quand il sera trouvé, ce juste, qui osera devant

lui énumérer tes fautes quand on le verra
prêt à les couvrir du manteau de la charité? Repose; et que des songes d'épouvante me montrant à toi, t'accusant devant Dieu, ne fassent pas entrechoquer tes
os dans ton cercueil! Et le marbre froid
s'échauffa sous mes larmes de contrition.

Cependant, gouverné par une morne
tristesse, le dégoût de la vie me prit. Je
résolus de la terminer, poussé que j'étais à
commettre un crime. Ce projet m'occupait
sans trève; mais, au point de l'exécuter,
la nature épouvantée refusait à mon bras
la force nécessaire. Elle triompha, je repris
un petit de courage, et je me mis à courir
le monde pour m'étourdir ou m'enseigner.
Partout je vis le malheur planant sur les
hommes sans distinction ni choix. Le diset-
teux gémissait dans ses haillons et sa mi-

sère, l'opulent dans l'or de ses riches lambris, et tous, qui plus, qui moins, payaient leur tribut à cette foule de tribulations qui affligent l'humanité. D'où me vient, ce me dis-je, cette prétention à un sort différent? Le limon dont je suis pétri est-il mieux épuré pour faire une exception parmi tant de créatures? Ainsi je me donnais toujours de beaux et salutaires conseils, et peu à peu je désobstruai mon esprit de ses erreurs, et le calme rentra dans mon âme. Je vous ai narré cette confession afin de vous démontrer que la pointe du chagrin s'émousse, et que telle virulente et âpre peine qui semblait n'avoir de refuge que la mort, finit par ne laisser qu'une souvenance légère. Tant que m'a duré ma verte jeunesse; j'éprouvais souvent une grande langueur d'être ainsi désoccupé d'attache mondaine; plus d'une fois j'ai échappé au

péril en allant au tombeau de madame ma
tante. Je la priais avec componction, et par
sa très-spéciale faveur, j'ai surgi au port,
sans mener grand souci de voir fuir les folâtres jeux, et les ris leurs frères. Mais ils
ne m'ont point laissé en totale disette; il me
reste l'estime et la confiante amitié, consolation de la vieillesse. J'ambitionne ces sentimens de vous, Aloïze, comme une récompense et un juste retour de ma sollicitude.
Donc, vous serez pour moi un dépôt sacré
que m'a confié la Providence. Si je n'ai le
pouvoir de vous faire aussi heureuse que je
le voudrais, au moins je vous garantis une
sécurité entière... Je n'entendis pas ce qu'il
dit ensuite, ému qu'il était : je crus distinguer qu'il parlait de victime.... Sous la puissance de l'admiration je me prosternai à
deux genoux devant sire de Gombault; ma
gratitude s'exprimait par mes yeux d'où

coulaient sans douleur de grosses larmes.
Sire de Gombault me prit en ses bras
comme le faisait mon père, et me baisant
au front :

— Allez reposer, Aloïze, que la paix,
compagne de la vertu, veille à votre chevet, n'ayez que d'heureux songes sur votre
existence à venir; demain je vous soumet-
trai le plan que j'ai tracé pour la distribution et l'agrément de nos journées.

Il est possible que ma belle pupille
dise à la fin :

« Il n'est malheur, qu'il ne vaille quelque
chose. »

Alors le seigneur de Pouvelle me laissa
pleine de vénération pour lui et de pitié

pour cette noble châtelaine dont je comparais le sort au mien, et il m'en restait tout l'avantage.

Je ne me couchai pas avant d'avoir fait mes oraisons et prières, remerciant le bon Dieu, qui m'avait préservée du désespoir au délaissement du chevalier, avait conservé la vie de mon père, m'avait accordé la force de lui obéir, et à tant de biens que je recevais de sa grâce, ajoutait la générosité du seigneur de Pouvelle.

Le somme me surprit ainsi, et calma mes esprits si long-temps agités.

Les jours suivans furent employés à visiter les gens de distinction du voisinage : après quoi nous nous enfermâmes à Pouvelle, et, hormis mon père, nous ne

voyions que nos vassaux. Sire de Gombault,
pour occuper mes loisirs, me mena à sa
librairie, laquelle était nombreuse et choi-
sie en manuscrits estimés. Ce seigneur était
consommé en sciences et profond savoir.
Chose grandement rare en nos seigneurs
d'aujourd'hui, lesquels sont en général non
lettrés , et seraient fort dans l'embarras s'il
leur était prescrit de traiter en matières
savantes, et que pourtant ne devraient
ignorer des gens du haut parage affublés
de charges et d'honneurs. En ce temps-là
j'étais ainsi qu'eux ignorante : quoique fussent jà filés mes dix-huit ans, je ne savais
lire qu'en mes heures pour la messe ou autres
dévotions : à cause de quoi je n'osais ouvrir
la bouche. Sire de Gombault, qui s'en aperçut, me dit ceci :

— Étant chargé de votre aimable tutelle,

je serais obligé, par devoir, si mon goût ne
m'y portait, à développer en votre esprit
les germes précieux que la nature y a se-
més. Ils sont en tardiveté, par défaut de
culture; mais bientôt ils produiront des
fruits d'inappréciable saveur. C'est par une
instruction solide qu'on se fait un bonheur
dépendant de soi, le seul désirable : celui
qu'on attend des autres est trop sujet à
varier, et pour cela toujours incertain. L'é-
tude et le travail en sont les principaux mo-
biles; l'un fortifie l'âme et l'ennoblit par
les connaissances qu'elle lui donne; l'autre
est profitable au corps, et c'est ainsi qu'on
chasse l'ennui qui ronge l'ignorant oisif.
Tendre fleur de jeunesse brille un instant,
puis disparaît. La tarde saison est là qui
la suit de près. Elle est longue et stérile
pour la femme folle qui n'a mis en réserve
ni raison ni savoir. Donc, plus prévoyante,

ainsi que la fourmi, amassez pour votre hiver. — Et sans se dégoûter par les redites, il me donnait de fructueuses leçons ; il m'expliquait avec patience et bonté paternelles les livres savans qu'il me faisait étudier, et mon esprit devint tellement avide de savoir à mesure qu'il jouissait des ressources de l'instruction, qu'avant un an j'étonnais mon maître, fier de mes progrès. Pour ne pas me laisser trop captiver par une application suivie, il me menait promener dans les environs, aux lieux qu'il supposait me plaire, et il m'apprenait la propriété des simples pour les différens maux.

— Il est si doux, mon Aloïze, de pouvoir soulager son semblable ! et outre ce but d'humanité, vous apprendrez à admirer les largesses de la nature, les biens nombreux qu'elle a distribués à l'homme pour ses besoins et ses plaisirs; les merveilles de la création vous démontreront toute la puissance et la bonté du Créateur, et rendront plus solide votre piété, consolation la plus réelle en toutes les chances de la vie.

Ainsi le bon seigneur de Pouvelle formait mon cœur, en étendant les facultés de mon âme.

Et si dans ses nombreux vassaux il se trouvait des souffreteux, il m'envoyait par devers eux chargée de ses dons, dont il me faisait distributrice.

« Ce secours offert par vos mains sera plus lénifiant à son mal »; ou bien il disait encore :

« Il croira, le pauvre dolent, que ce bienfait lui vient du ciel donné par un ange ; » enveloppant ainsi les leçons de vertu d'un langage amiablement flatteur.

Je ne sais si dans le monde il se fût trouvé un être pour qui tant de générosité, de soins et de complaisances eussent été perdus ; mais, grâce à Dieu, ce ne pouvait être Aloïze, sensible et reconnaissante au moindre bienfait : aussi ma plus tendre affection se partagea entre mon père et sire de Gombault ; et si je ne pus mettre en oubli le damoisel et nos tant doux sermens, du moins je pouvais lui opposer les vertus de mon époux et les murmures de l'amour offensé. J'avais toujours conservé un vif désir de revoir Praxède, afin de réparer, autant que se pouvait, ce qu'avait eu d'humiliant

la lettre de mon père. Etant souvent soucieuse à ce sujet, je priai le comte d'obtenir de mon père la révocation de l'ordre
rigoureux. Je remarquai en lui une grande
altération; mais, empressé de me complaire,
il fut à Mexpres, et m'en rapporta la dis-
pense désirée : je pus connaître par là tout
son crédit sur l'esprit de mon père. En
même temps sire de Gombault m'apprit avec
certain embarras qu'il était survenu des
inconvéniens à Praxède, et que, ne voulant
inutilement m'affliger, il ne m'en avait point
instruite. « Contristée, j'écoutai sire de Gombault. » La tante de Praxède mourut à l'épo-
que de notre mariage; à ses derniers momens, dirigée par un moine astucieux, elle
annula le testament qu'elle avait fait en
faveur de sa nièce et d'Eginard, et fit le
don de sa fortune au couvent de ce moine
imposteur.

Praxède se trouvant frustrée d'un riche héritage, la dame de Pouintis, dont l'avarice réglait l'affection maternelle, avait rompu le mariage de son fils, qui persistait à vouloir son amante, au mécontentement de sa mère, qui lui faisait menace de le déshériter, voire maudire, l'inhumaine, s'il ne suivait ses volontés. Praxède s'était retirée chez les clairistes de Clermont, et, résistant au désespoir d'Etelred, elle voulait prendre le voile et pressait les apprêts du sacrifice en l'exaltation de son malheur. J'interrompis plus d'une fois le récit succinct du comte de Gombault, et j'osai me plaindre de ce qu'il m'avait caché ces événemens. J'aurais fléchi mon père, dis-je, et conforté l'affligée. Plaise à Dieu qu'il ne soit jà trop tard! Sire de Gombault, secondant mon impatience, manda tout préparer pour le voyage de Clermont. Quand tout fut prêt,

nous partîmes en une commode litière, et au
principe du voyage, voici quoi nous arriva.
Comme nous traversions le parc pour joindre la route, un inconnu de l'effrayant aspect d'un bandoulier, se jeta au devant des
mulets et les arrêta, me criant « Pardon ! »
d'une piteuse voix. Moi, épouvantée, je
poussais des cris perçans, ne sachant ce
qu'était cet homme; tandis que sire de
Gombault, qui avait l'air de le connaître, lui
ordonnait de se retirer d'un ton impérieux;
et, comme cet homme n'obéissait nullement,
il sortit de la litière, et, aidé de ses valets,
il l'entraîna dans le bois, et je ne le vis plus.
Sire de Gombault revint tout nébuleux,
et nous continuâmes notre route sans encombre. En chemin faisant, le comte me
dit, à ma grande surprise, que cet homme
que je venais de voir était le frère de ma
gouvernante, et qu'il était insensé; qu'en

un moment lucide il avait sans doute trom-
pé la vigilance de ses gardiens pour venir
voir sa sœur qu'il supposait être à Pouvelle;
et qu'il l'avait remis aux soins d'un valet
pour le ramener au couvent de moines,
qu'on voyait tout près, en les priant de le
mieux surveiller. Je témoignai ma surprise
au comte de n'avoir jamais entendu parler
de ce frère de dame Alix. Le comte me répondit : Dame Alix a trop de vanité pour
divulguer cela, d'autant que ce frère avait
perdu toute considération pendant qu'il fut
serf de votre père ; et voici comme. Étant à
guerroyer en Palestine, votre père vit un
des siens qu'on portait sur un brancard; il
le reconnut et dit: Que Dieu te soit ami, bon
Ulric. Tu as pris les devans ; conduit par la
gloire, va cueillir ta palme, brave défen-
seur de la foi. Puis, se courrouçant fort
contre ceux qui l'avaient couché sur la

face, il leur dit : Doit être tourné vers le ciel celui qui mourut en défendant sa cause.

—Oh! sire , il n'est ni mort ni même mourant, répondirent les soudards, mais seulement blessé par les mécréans…. Lors sire de Mexpres s'approcha d'Ulric.

— Mort Mahoum (1)! vous avez fui, manant; ce n'est point la poitrine que vous avez opposée au fer de l'ennemi : ce n'est point en lieu où vous les avez que les braves guerriers reçoivent les blessures. Filer à la quenouille vous convient mieux que de brandir la lance. Et votre père in-digné s'en retourna, tandis qu'Ulric se tai-

____

(1) Par la mort de Mahomet! Jurement des croi-sés.

sait, ne pouvant démentir des marques accusatives.

— En écoutant ce cas, je fus touchée de l'idée que la folie de cet homme était provenue de l'affront qu'il avait reçu : je le dis à sire de Gombault.

— Vous le jugez trop favorablement, me répondit-il : le poltron ne s'amende point d'une couardise qui lui fait sa vie sauve, on doit attendre plutôt de lui de nouveaux méfaits et vilainies. Comme nous étions ainsi à discourir de ma gouvernante, je racontai le propos qu'elle me tint un jour, concernant mes révérés parens, et que j'ai rapporté plus haut, de même que ma réponse.

Sire de Gombault, qui paraissait savoir

toutes ces choses, me donna l'explication
de celle-ci.

— Votre mère avait une si singulière
prédilection pour Alix, sa sœur de lait, dont
elle était encore la marraine, qu'elle la fit
bien enseigner, l'accabla de bienfaits, et
lui fit la promesse de ne jamais la séparer
d'elle ; et de fait, lors de son mariage, votre mère conserva sa protégée, et même
plaça près de son époux le frère de dame
Alix, celui que vous venez de voir qui, fin
matois, et aidé des ruses de sa sœur, devint pour son maître ce que dame Alix
était pour votre mère, c'est-à-dire qu'il
s'attira sa confiance et ne la perdit qu'en
Palestine. A votre naissance, ne voulant
pas vous remettre en des mains étrangères,
votre mère consacra à votre faiblesse tous
les instans de sa vie. Elle fut la victime de

son amour maternel et fauchée de la mort, que vous saviez à peine épeler son nom. Avant d'expirer, elle pria votre père de vous laisser élever par dame Alix, s'imaginant qu'elle serait pour vous une seconde mère. Mais l'âme généreuse ne peut juger des autres par soi sans tomber en erreur : les inclinations basses d'Alix ne furent point déracinées par l'éducation. Elle apprit seulement à les dissimuler sous un vernis flatteur qui laisse les gens simples sans défiance. Votre père, respectant la volonté d'une épouse si regrettée, laissait dame Alix absolument maîtresse en son château.

—Un peu par gentillesse, plus par coquetterie, dame Alix entailla le cœur d'un des gentilshommes attachés à sire de Mexpres, et si bien sut le choyer que ce soupirant s'en fut, tout résolu, dire à votre père le dessein qu'il avait de la prendre pour légitime femme ; et votre père, religieux observateur des prérogatives de la noblesse, remontra au vieil gentilhomme l'inégalité des conditions, et le danger de nouer un pareil lien à son âge, et à la veille de partir pour la guerre. Quelque sagement que parlât sire de Mexpres, l'amant affolé n'en voulait revenir. Seulement, votre père obtint que le mariage ne se conclurait qu'au retour de la croisade.

La haine furibonde s'empara de dame Alix, quand elle vit ses projets avortés à jamais ; et pourtant elle faisait la doucette et dissimulait. Votre père partit, et vous restâtes aux soins de votre gouvernante, qui si bien s'habitua à gouverner, qu'au retour de votre père, il n'y eut ni serf ni valet qui ne s'en plaignît. Sire de Mexpres

remit dame Alix en son lieu, et lui fit défense de s'ingérer à autre chose qu'à votre
éducation; et, pour combler son dépit, le
gentilhomme ayant réfléchi à son âge avan-
cé, et aux avances d'Alix, renonça de la
prendre à femme; ainsi elle se vit méprise,
et dès lors, ne pouvant se venger que
sur vous, elle vous prodigua le mal qu'elle
pouvait vous faire. Je ne pouvais revenir
de ma stupéfaction à ces détails jusqu'alors
ignorés de moi. Plusieurs circonstances me
revenaient à la mémoire, et avec un peu d'ai-
greur, les rudesses de dame Alix; mais quoiqu'il me fût démontré que le récit de sire
de Gombault était vrai en tout, je ne pouvais concevoir l'activité de ce lutin mal-
faisant qui agit sans relâche sur les cœurs
corrompus.

Il me restait encore une obscurité sur

quelques points de l'histoire de dame Alix,
dont j'allais demander l'éclaircissement,
lorsque les clochers de Clermont se présentèrent à nous.

L'image gémissante de ma mie Praxède
éteignit en moi toute curiosité, et quand je
considérai l'enceinte du couvent, les portes
grillées comme d'une geôle, et les mu-
railles élevées de ce cercueil de l'espérance,
je soupirai de compassion pour celles qui
par contrainte s'y trouvaient enfermées.

La noble abbesse, bientôt avertie, vint au
parloir, mais refusa de nous laisser voir la
damoiselle de Jugny, nous prétextant qu'il
ne fallait pas la distraire à la veille de former
des vœux visiblement inspirés par le ciel;
qu'on encourrait le blâme de la déranger

de son pieux recueillement, et que le surlendemain, après sa profession seulement, il nous serait permis de l'entretenir.

Je bouillais d'impatience aux empêchemens de l'abbesse; mes larmes roulaient sans choir dans mes yeux enflammés; et sire de Gombault, voyant mon affliction, tint bon près de la none, lui faisant mine d'aller à l'évêque, si elle ne voulait pas nous montrer la novice de son bon gré. Enfin, un tantet essouflée, elle consentit à nos désirs, et bientôt parut la damoiselle de Jugny. Nous nous jetâmes dans les bras l'une de l'autre, mues par la même impulsion, et je mouillai de pleurs son sein délicat couvert de grossière bure. Praxède ne pleurait point; s'était tarie la source de ces larmes qui soulagent le cœur oppressé. Nous nous tenions enlacées, moi me taisant par grand émoi, elle n'osant parler à cause de la dame abbesse qui jà lui eût ordonné de rentrer, si le bon seigneur de Pouvelle n'avait promis un legs au couvent en faveur de Praxède. Ce legs consistait en quelques arpens de bois qui se trouvaient enclavés dans les biens de la communauté. L'abbesse en fut si reconnaissante, qu'elle me permit de visiter le dedans du cloître en compagnie de ma mie Praxède, me certifiant par là que l'intérêt satisfait pouvait seul l'apitoyer. Quand nous sortîmes, Praxède et moi, sire de Gombault lui fit un signe que je ne pus comprendre, et non plus je n'y portai pas grande attention, non plus qu'à visiter le cloître; car, vite, nous fûmes à la cellule de Praxède.

Soit que la souffrance l'eût abattue, soit qu'elle désirât vraiment d'entrer en re-

ligion, comme dans un port à couvert
des tempêtes, je la trouvai concentrée.
Elle m'entretint brièvement de ses désas-
tres, et nullement de nos anciens liens.
Si le sire de Gombault ne m'avait assurée
qu'elle ne conservait aucune rancune de la
lettre de mon père, j'aurais craint de lui
être moins chère ; cependant une fois elle
porta sur moi ses yeux languissans, et je
crus y reconnaître les regards de Mexpres :
je commençai alors à la questionner. Ses
réponses étaient concises : *oui* et *nenni*.
Aucune autre expression ne sortait de ce
cœur si plein. Je continuai.

— Vous avez fait vos vingt ans, Praxède
ma mie, et se sont écoulées rapidement ces
années de la jeunesse, n'est-il pas vrai ?

— Vrai.

— Celles qui viennent devant vous ne s'écouleront pas de même; elles compteront double et non en bonheur. Souvent on prend pour force le faux enthousiasme qui précipite les actions. L'heure qui précède brouille et confond la pensée; celle qui suit laisse voir distinctement; le repentir s'attache à l'âme faible pour ne la plus quitter.

— Dieu qui reçoit le sacrifice sera mon soutien.

— Il faudrait, pour cela, le lui offrir dégagé de toute affection terrestre, de tout regret. Dites, chère mie, en est-il ainsi du du vôtre ?

— J'invoque la grâce divine d'une continuelle oraison, et parfois il me semble que Dieu m'exauce, et me presse de me donner à lui.

— Feu d'amour déguisé, qui deviendra feu d'enfer en l'éternelle solitude. Toute précipitation est condamnable quand on doit décider du destin de la vie. Etelred sait-il votre détermination ?

— Il la sait.

— Y consent-il ?

— Tantôt il menace..., tantôt il prie et conjure.

— Votre ami est fidèle ; et vous allez prononcer des vœux qui ne sont pas pour lui ! Ah ! Praxède ! vos deux amours n'étaient au pair.

— Ah ! me dit Praxède, vous percez mon cœur en ses endroits les plus sensi-

blés; vous détruisez le travail, las! si pénible et si long.... Si je l'avais moins aimé,
j'aurais cédé à ses instances, avec lui je
n'aurais pas redouté la misère.... Mais lui,
l'aurait-il toujours bravée? Aurais-je pu,
en l'entourant de toute la tendresse d'une
heureuse épouse, éloigner de lui les fu-
nestes effets de la malédiction maternelle?..
Vous venez de me mettre en troublation...
Ne prononcez plus jamais un nom trop
chéri. Allez goûter les ébattemens du monde,
et laissez la triste Praxède achever sa des-
tinée.

— Il n'en sera pas ainsi, fis-je, je veux
vous sauver de vous-même. Ce que vous
prenez pour pieuse résolution, n'est que
désespoir. Ces murs épais et ces sombres
voûtes retentiraient de vos clameurs. Vous
voudriez prier, et seriez sacrilége. La

bouche jà habile aux doux propos d'amour ne s'habitue facilement à chanter des cantiques. La chère image vous suivrait aux autels, convoyée d'inutiles et perpétuels regrets. Vos adorations seraient pour elle, vos plaintes seules seraient pour le ciel; et, profane à Dieu, et parjure à l'amant, vous auriez perdu votre paix en ce monde, et risqué celle de l'autre.

Praxède m'écoutait et fondait en pleurs; l'amour malheureux avait rompu la digue du silence et repris ses droits usurpés. Je contemplais l'aimable victime déjà revêtue des habits du sacrifice; si tendre et si timide, et cependant si hardiment persévérante à s'immoler. O Eginard ! les mêmes flancs vous ont portés ! Praxède est ta sœur !.. Oui, on le voit aux traits charmans de son visage. Pourtant, quelle dissemblance entre vous !

Cette réflexion me vint comme la jeune novice disait : A présent que vous m'avez mise en désarroi, dites-moi ce que je dois faire. O ciel! si la pauvre créature chancelante excite votre colère, ne la punissez pas en l'objet qui la rend criminelle, épargnez mon Etelred.

— Eh, Praxède, ne frappez pas votre esprit des vengeances de Dieu ; il ne les fait point peser sur l'innocence, lui dont la bonté dirige la justice même quand il punit le crime. Agissez par mon conseil, demandez un nouveau délai. Ne mettez en cela ni hésitation ni fausse vergogne ; mais, certaine de faire bien, laissez-moi le soin du reste.

Un spasme de joie saisit Praxède, et moi (oh! comme je m'humilie en faisant cet aveu), j'avais été moins pénétrée des douleurs de la digne sœur que du souvenir du frère coupable; car la pensée que je pouvais accomplir la félicité de Praxède me fut suggérée par le bas plaisir de me venger d'Eginard, en le forçant de rougir de sa trahison. Las! nos meilleures actions ne sont donc pas indépendantes de notre intérêt personnel. En vain, aveuglée que j'étais devenue! j'attendais qu'elle me parlât de son frère.... Ses lèvres restèrent closes; et moi, je ne pus brider ma honte et l'interroger.

Madame l'abbesse, à qui un si long entretien faisait ombrage, nous dépêcha une nonnain. Nous descendîmes au parloir. Je tenais Praxède sous mon bras, fière de mon

succès ; et en bref je déduisis à l'abbesse
pourquoi Praxède demandait un retard. Le
rond visage de la dame devint tout rouge
d'expression colérique. Ainsi elle ne put
nous dissimuler l'empire d'un des sept pé-
chés capitaux, même en les lieux les plus
saints. Tant il est avéré qu'il n'y a pas de
murs inaccessibles au rusé tentateur. Sire
de Gombault apaisa la tourmente en ajou-
tant au legs déjà promis un ornement complet pour la patronne de l'église : moyen-
nant ce, la benoîte eut l'air satisfait. Nous
convînmes que nous reviendrions voir
Praxède, et que nous resterions à Clermont jusqu'à une favorable fin.

« La châtelaine détaille ici les moyens
» qu'elle employa pour faire sortir son amie
» du couvent, et les conversations qu'elle

» eut à ce sujet avec le comte son époux,
» où ce dernier démontre toute sa bonté,
» en promettant à la comtesse d'aller en
» Dauphiné offrir à la dame de Pontis de
» doter Praxède pour la faire consentir au
» mariage de son fils. Praxède ignore cette
» démarche. Les deux amies restent en-
» semble au couvent, tandis que sire de
» Gombault, malgré sa santé languissante,
» part pour le Dauphiné. Il trouve Etel-
» red dans un état alarmant. La dame de
» Pontis, qui voit combien la munificence
» du comte contraste avec son avarice, se
» rend au désir de son fils et joue le désin-
» téressement d'une âme noble en refusant
» la dot offerte. (Ici l'histoire, jusqu'à pré-
» sent simple en ses détails, me paraît
» manquer de vraisemblance, en ce que
» l'avarice sordide a des entrailles de pierre,
» et n'est point accessible aux sentimens

» généreux.) On va prendre Praxède chez
» les clairistes ; les noces se célèbrent à
» Pouvelle. Les deux amies se séparent,
» et Praxède reconnaissante et heureuse
» suit son mari en Dauphiné. »

De même qu'il m'est impossible de rendre combien fut cuisant pour moi le renoncement d'Eginard à ma personne, de même je ne pourrais décrire sans l'affaiblir, mon contentement, quand ma mie Praxède fut en possession de son fidèle ami et servant d'amours. Bien à l'opposé de ces vilains qui trouvent leur plaisir à préjudicier autrui, il me sembla que mes ennuis s'amoindrissaient à les voir enfin unis après tant de traverses. Et aussi j'en eus plus grand respect pour sire de Gombault, sans lequel je n'aurais point connu un si parfait plaisir. Praxède partie, je m'adonnai à mes occupations et délassemens coutumiers, avec un goût que je n'avais pas avant, évitant autant que je le pouvais d'embesogner ma mémoire dans les événemens passés. Mais Dieu ne nous a pas départi telle maîtrise sur nous-mêmes, que nous puissions agir long-temps contre les lois de la nature, ainsi qu'il m'en advînt à moi, comme je vais le dire avec la même vérité que si j'étais au confessionnal de pénitence, et l'on sait bien que toute croyance doit être ajoutée à ce que disent les dames.

L'hiver ridé s'enfuyait, ramassant, dans les plis de sa robe traînante, et grises brumes et bises et glaçons. La riante primevère courant d'un pas subtil dans les campagnes attristées, éclosait à foison papillons et fleurettes, quand je sentis en mon cœur sa chaleureuse influence; elle le dilatait et le rendait plus enclin aux tendres désirs, qui, pour avoir été étouffés, n'en étaient pas morts pour ça. Et donc je me sentis travailler par le mal étrange d'amourettes. En vain je voulais me distraire, et méditer dans les livres que sire de Gombault m'avait appris à admirer : ils ne me récréaient plus ! Mes yeux langoureux n'y voyaient que des lignes noires ou des mots insignifians. Les aventures des loyaux amans seules me plaisaient au possible ; et si je me procurais furtivement de telles lectures, j'en étais très-contente et alléchée, découvrant en ces livres des charmes insinuans, et un fin déduit, au mépris des autres, tant savans et doctes fussent-ils.

Maintes personnes m'ont assuré depuis que je n'étais la seule sur qui les ouvrages d'esprit n'avaient aucune souveraineté

lorsque l'âme est calamiteuse; et par cette
conformité avec des gens en qui d'unani-
me voix on reconnaît un mérite extraordi-
naire, j'ai été certaine que mes facultés
intellectuelles possédaient autant d'inten-
sité et de délicatesse qu'on pouvait le désirer; et pour retourner à mon dire, je m'en
allais dolente et assaillie de tant aimable et
dure souvenance ensemblement, que j'en
perdais ma fermeté.

Sire de Gombault m'avait fait bâtir, à
l'orée du parc, un petit pavillon qu'il ap-
pelait mon cabinet d'étude. Couvert par la
ramure de grands arbres, les chaleurs de la
saison d'été ne pénétraient en ce plaisant
manoir. Sur les fraîches rives du ruisselet
qui le ceignait de ses limpides eaux, crois-
saient en profusion libérale et sans labeur,

la tant belle fleur de glayeul à longues feuil-
les pointues, le nénuphar ami de chasteté;
la blanche narcisse qui se penche vers l'onde
limpide comme pour s'admirer, et qui a
donné lieu à cette antique et prudente fiction sur le danger de trop s'aimer soi-
même; le liset à jolies clochettes de diverses couleurs, si affectueux de sa nature
qu'il s'agrafe à ce qui lui est proche par
ses souples lianes et festons élégans; le
droit cyprès consacré au deuil, le buis do-
cile au caprice du jardinier, et l'aubépin
qui s'empresse d'épanouir ses bourgeons
rosés pour orner le bavolet des bergerettes
aux ides de mai, et tant d'autres arbuste-
lets que je ne saurais dire. De nombreuses
troupes d'oisillons divers vivaient sous ces
ombrages avec leurs fécondes femelles,
dont je m'amusais quelquefois à voir les
amours. Leurs petits dépits de jalousie

quand elles se trouvaient en rivalité, et
puis elles se querellaient en vive dispute
dans leur jargon ramagé, jusqu'à ce que le
boute-feu eût laissé la partie. Après, la fe-
melle outragée se tenait coi et morne de
ressentiment; mais la nature qui ne sait
bouder par grimace, lui rendait bientôt
son appétit d'aimer, et avec une coquetterie agréable elle se perchait sur le vert
branchage, et puis très-doux chantait pour
son ami; lui, voletait à l'entour d'elle, et
puis ils se becquetaient à leur bel aise quand
et quand, et plus chaud et ferme que jamais mieux.

Ces naïves choses me remuaient de fond
en comble, et pourtant je ne pouvais m'en
sevrer, les trouvant plus récréatives, encore qu'elles me fissent fondre le cœur,
qu'aucuns délassemens mondains, lesquels
ne m'offraient que désaccord et tristesse.

Voila donc l'exposé du dehors. Au dedans étaient mes livres, un psaltérion dont j'aimais à jouer, et mon canevas, sur lequel j'avais, inquiète, historié le premier tournoi où je vis le chevalier.

Voilà qu'un soir j'y restai plus tard que de coutume. Pensive devant ma croisée, mon esprit s'égarant en ses conceptions bizarres, trouvait l'histoire de la vie sur les vitraux bariolés. Il en est ainsi, dis-je tout haut, de cet amas confus de peines et de plaisirs, en ce qui compose le plus de l'existence, et aux deux extrêmes, de cette quiétude où nous ne sentons ni les uns ni les autres. Je la dépeindrai celle-là par cette nuance pâle et unie; les teintes graduellement colorées, les plaisirs simples. Celles à ne se pouvoir distinguer, de confondues qu'elles sont, et néanmoins vives à leur surface, les menteurs contentemens. Viennent immédiatement les orages et tourmentes du cœur.... Ah! quoique les pinceaux soient chargés et rembrunis, ils n'ont su rendre au juste ce qui ne se peut que sentir!... Par suite de ces refléxions, mes idées mélancoliques prirent le dessus. Le beau ciel se montrait pur et scintillant. La lune y brillait en toute majesté. L'auster, suave et apaisé, laissait la feuillée immobile : tout était coi dans ces campagnes, sauf le petit grillon réjoui chantant l'hymne à la nuit sur sa plus forte gamme, et le clair ruisseau faisant sourdre ses eaux comme de courroux de n'être seul bruissant en cette solitude. De petits chardonnerets avaient niché sous ma croisée; emmi les jasmins et les chèvrefeuilles les ouïssais doucement gazouiller comme s'ils devisaient d'amour sur leur tendre couvée. Ah! m'écriai-je en émoi et attendrie, tout est en joie et liesse

à l'environ de moi! Seule ici je forme un
contraste, fragile et déconfortée que je
suis. Telles images ne sont propres à celui
qui en son aimer fut tant méchamment
déçu; les âpres climats, les campagnes s'il-
vestres et tout ce que la nature enfanta de
tristesses en ses jours de deuil, lui convient mieux que non pas ces tapis ga-
zonnés, ces oiseaux accouplés et ces fleurs
printanières flairant au loin leurs magiques
senteurs. Belles et charmantes merveilles,
vous convenez aux heureux; mais pour
l'infortuné, vous êtes un poison subtil. Je
me levai pour sortir. Adieu, lieu trop chéri,
je vais fuir ton dangereux silence : te dis
adieu! adieu à tout jamais; et puissé-je
laisser en tes murs le souvenir... Ici ma
complainte fut abrégée brusquement. Un
téméraire chevalier sort du massif où il
s'était posté en embuscade, et me saisit

au corsage si étroit serré, que je n'en peux souffler. Ah! comme une telle insolente hardiesse me scandalise... Je vais crier à l'aide, au secours et faire punir l'audacieux; mais au clair luminaire des nuits, je le vois en plein; un charme irrésistible m'enlourdit et me rend toute lâche et pusillanime; je ne peux plus rien vouloir contre lui; au lieu de le regarder avec sévérité, mes prunelles douillettes se vont roulant mignardement sous leurs dômes humides, et l'enchanteur, qui à son gré me transmue, me tient ce langage :

— Renie tout soupçon outrageux, Aloïze, ma mie! une ruse infernale t'a abusée... Toujours vivante en mon penser, je t'ai trouvée partout. Dans le tumulte des combats, ton image, marchant devant moi, me montrait de glorieux périls à affronter; dans le repos de la victoire, je te

voyais pour récompense... C'est pour te
mériter que j'ai conquis l'étendard du soudan; c'est en amour de toi que, réprimant
une aveugle fureur, j'épargnai le guerrier
qui le défendait, alors que son épée servant mal son courage, se brisait sur mon
armure. Ami! lui ai-je dit, tu as peut-être
une bien-aimée... ne veux faire couler ses
larmes quand ma victoire sur toi m'assure
ma fiancée.

J'ai précipité mon retour. Je venais cher-
cher le prix de mon servage; mais n'a vécu
long-temps l'espoir fallacieux. Praxède m'apprit ton hymen; j'en faillis mourir. Je t'ai
nommée déloyale, perfide. Bien loin de toi,
t'accablais de reproches; te revois et ma
bouche ne peut plus prononcer que ces
doux noms, amour et Aloïze.

Tandis que le chevalier disait ainsi, que faisait Aloïze? Pâmée dans les bras d'Eginard, sans voix, sans pensée distincte, son âme ravie flottait sur les nuages les plus voisins des cieux, et les ennuis de ce bas monde allaient fuyant avec le flux du ruisselet.

Ame perplexe et trop assujettie, et comment n'as-tu mis à profit ce doux passe-avant pour rompre et secouer cette enveloppe mondaine et t'envoler tout d'un trait dans ces Champs-Élyséens dont tu prenais un avant-goût?

Ne sais combien de temps aurait duré la savoureuse vision; si un rayon de la lune n'eût fait entreluire mon anneau de mariage comme par grâce et avertissement divin.

Seigneur Dieu! m'écriai-je, vous le voyez. Je suis dépourvue de défense; secourez-moi en cet assaut, où je vais tomber dans la voie de perdition, pauvre diverse créature!... Et sitôt finie cette prière, je sentis s'apaiser la délirante ivresse; mes engagemens avec sire de Gombault se représentèrent à mon esprit; je me rappelai sa bonté, ses soins et les vertus suprêmes qui abondaient en lui. Je me retirai à quelques pas, et d'une voix tremblottante, mais d'un vouloir déterminé, je parlai ainsi au chevalier de Jugny :

Nul sur la terre ne se peut vanter de vaincre l'élan impérieux de l'âme; et moi débile, lorsque je l'éprouve jusqu'en la moelle des os, et que frémissante, c'est par l'assistance du ciel seulement que je peux réprimer un coupable abandon, il faut que je vous fuie, sire de Jugny : quoiqu'une ruse infernale m'ait abusée, comme vous l'avez dit, la ligne du devoir n'en est pas moins tracée entre nous, et ne me la ferez dépasser, vous, chevaleureux et loyal, type éclatant d'honneur.

— M'élancerais plutôt dans le néant que m'éloigner de toi, dit Eginard dans une forte frénésie. O Aloïze! non plus vous ne pouvez le désirer, ce n'est point chose naturelle à la plus forte attraction, de repousser ce qu'elle attire, et nos âmes se sont unies à ne se pouvoir disjoindre. J'ai entendu vos soupirs; ils m'ont décelé que vous avez pâti des tourmens de l'absence. Les richesses ne peuvent tenir lieu de l'ami du cœur; les trésors sont misères sans lui, et avec lui, dans la misère, se trouvent des jouissances ineffables par les consolations et merci d'amour. Et donc ne laissons échapper le moment fugitif! Viens à moi, viens! La jeune vigne s'étreint au vigoureux ormel et non point au chêne caduc. Viens, ma mieux aimée! je te veux apprendre que ce n'est mie pour un front dénué, que croissent les myrtes aux jardins de Vénus.

—Eginard, ô Eginard! Eloignez-vous, m'écriai-je en me dégageant de ses bras; ne changez en remords l'heur que j'ai ressenti en vous retrouvant digne de mes premiers vœux. — Eh! pourquoi les avez-vous rompus, ces vœux? Je vous ai gagnée, vous étiez mon bien, nul n'a pu en disposer sans félonie et manque de foi. Votre hymen est un parjure qui blesse cet honneur que vous invoquez tant.

— Mon père n'a disposé de moi qu'après que vous m'eûtes refusée par cette lettre scellée de votre sceau. Il vous fut surpris par le crime sans doute, je le crois ainsi, encore que vous ne m'en ayez parlé, comme s'il suffisait de votre seule présence pour vous innocenter de tout délit.

— Eh! que n'avez-vous été aussi équitable, quand, sur les lointains rivages, je cherchais à mériter vos amours? Aurais-je pu craindre qu'il vous suffirait d'un coup de langue envenimée pour me juger à malheur? Un écuyer traître, mensonger, a trouvé cette créance auprès de vous, alors qu'il vitupérait son seigneur, net et sauve jusqu'alors, à vos yeux, de toute vilainie, qu'un chevalier pouvait ainsi jeter aux mauvais esprits de l'air tous ses sentimens d'honnête homme, sans que rien l'ait défendu de l'inculpation d'un vil valet. Ah! de lui du moins je me suis fait justice : j'ai branché le larron par sa gorge mensongère. Si le hasard ne l'eût mis en mon pouvoir, je l'aurais cherché jusqu'aux confins du monde. Ah! pourquoi me suis-je tant pressé de punir le traître avant que de l'interroger! Son indigne cœur n'aurait su garder le secret du complice. Mais ce n'est pas assez, madame; il faut que je parle à sire de Mexpres; il m'a honni, il m'a blessé au vif... Mais il est votre père! Pour toute vengeance, je veux tant seulement deviser avec lui, et connaître l'ennemi ténébreux qui m'a attaqué si lâchement. Pour votre époux.... Ah! que ce penser me fâche et me combat! Votre époux m'a rendu ma sœur, et toujours ma chère Praxède se mettra entre lui et moi..... Ainsi chacun d'eux a sa sauvegarde... Vous pouvez le croire; il n'en fallait pas moins pour qu'Eginard de Jugny eût reçu un outrage sans le laver en un fleuve de sang.

Ici j'interrompis le chevalier, et je lui retraçai l'effet de sa lettre et du récit du trouvère, après plus d'un an de silence; ma douleur, les chagrins de mon père et les ménagemens paternels du seigneur de Pouvelle; je parlai avec effusion de mon digne époux, mais je fus taisant ce que la pudeur timide défendait de divulguer. En m'écoutant, Eginard attendri s'était approché de moi, et nos larmes confondues tombaient doucement sur nos mains entre-doigtées.

D'après ce que vous venez d'apprendre,

continuai-je, vous ne me ferez le chagrin
d'en causer à mon père et à sire de Gombault, honoré de tous à si juste titre. Les
paroles mensongères dont nous ignorons
l'auteur, à part le mal qu'elles nous ont
fait, ne peuvent désavantageusement in-
fluer contre celui qui a par devers lui tant
d'honorables actions et glorieux faits d'armes. Non, vous n'obscurcirez point tant
de gloire par une vengeance indigne d'un
preux, d'autant qu'en y portant une juste
réflexion, on voit que c'est une main
omnipotente qui a dirigé le trait qui nous
a atteints, comme pour nous punir d'avoir
aspiré à une si grande félicité dans un
monde où il n'en est de parfaite, ni de
stable. De pareils événemens ne peuvent
ni s'expliquer ni être imputés à aucuns, et
semblent à ces coups de foudre qui frap-
pent dans la sécurité, sans qu'il soit permis

à l'humaine prudence de les prévoir et de les éviter.

— Aloïze, ta sage raison captive la passion rebelle. Parle, parle plus encore, afin qu'en me remplissant de ta volonté, je détruise en moi toute inclination perverse de haine et de destruction.

— Eginard, repris-je, vous fuirez de ces lieux, vous ne verrez mon père, pour que votre présence ne lui soit un reproche. Vous pouvez, d'un généreux élan, mater ce monstre aveugle d'amour-propre qui assujettit, et même à injustice, les gens de mauvais acabit. Mais à vous conviennent les nobles sacrifices. Et combien de bénédictions et de vœux ardemment conçus vous adressera Aloïze pour les contentemens que vous lui aurez faits. Heureuse seulement alors que votre heur sera aussi parfait que vos mérites. Ici je fus oppressée d'un grand émoi à le voir si soumis, après l'orage que j'avais craint. Sus, se fit un silence; puis il me dit :

— Ordonne de ton Eginard; à trop haut loyer tu ne peux mettre ta belle âme. Ah! seulement, et pour récompenser ma soumission entière, répète-moi, s'il t'en souvient, la devise de nos beaux jours. Vois cette écharpe, les couleurs en sont effacées, ainsi que le bonheur dont elles étaient la promesse. Les fleurs se sont fanées; il n'en est plus de traces, et aussi le serment faussé est devenu illisible; et il me montrait l'écharpe disant ce, comme un monument de fragile affection. Chétive de moi! et par quels soubresauts me battait le cœur à ces accens mélancoliques : aussi mes plus tendres paroles, longuement contenues, s'ouvrirent une brèche.

— Eh quoi! je paraîtrais flétrie d'ingratitude envers celui qui a mis en moi sa loyale amitié! Non, non! et, encore que je ne te voie plus, de toi, ô Eginard, j'aurai toujours mémoire; la pensée qu'est mien, ton cœur fidèle, sera mon confort en quelconques peines, et je te le veux dire en face de ce ciel brillant que j'accusais naguère, et qui me sourit maintenant; de ces belles merveilles si harmonieusement créées, que je ne voyais qu'à travers des larmes et comme une moquerie du sort; de ces solitudes, témoins de mes ennuis, peuplées désormais d'ineffables souvenirs. Eh bien! par ce beau ciel, ces monts, ces forêts, ce calme solennel qui nous entoure, par tout ce qui fait bondir le cœur et précier la vie, ô! Eginard, je te crie merci de t'avoir fait outrage; pour tous les maux poignans et divers que tant pauvrement j'ai soufferts en t'en donnant la coulpe, et je te fais le

vœu de conserver en mon âme, en son entière pureté, le saint amour que je te dois.
O mon cher ami et féal ami.

Après ce jet, je m'arrêtai court, tout
étonnée de moi-même. Le chevalier em-
brassait mes genoux. Brillaient en ses beaux
yeux les larmes de désirs réprimés. Amol-
lie, j'allais oublier mes vacillantes résolu-
tions, quand, par un suprême effort de
mon ange gardien sans doute, je m'éloignai
hâtivement.

A cette remembrance qui m'émeut encore en mon déclin, la même pensée s'offre
toujours à mon esprit. La femme sagement
élevée, dont le digne époux commande reconnaissance et respect, opposera une résistance invincible au passionné séducteur.
La vertu affermie sur l'estime succombe

difficilement. Celle au rebours qui, mal col-
loquée, ne voit en son appui naturel que la
laideur du vice, se fait un être idéal mieux
convenable à elle; et si de fortune se rencontre l'objet jusque-là chimérique, l'espoir éteint se ravive au flammel de l'amour,
et dans les délices des illusions s'oublient
les amertumes réelles; il faut un contre-
poids dans le cœur, pour balancer les désirs impérieux et secrets dont nous tourmente la nature.

En revenant au château, je vis sire de
Gombault en promenade solitaire, je l'évitai et fus me séquestrer en mon appartement. Eh! tout m'y paraissait changé! La
voluptueuse langueur qui courait en mes
veines et engourdissait mes membres, me
donnait une existence nouvelle : je cher-

chais vainement ma raison, ah! elle était
envolée, et seul me restait l'intolérable regret d'avoir si soudain quitté Eginard. Mon
imagination active me le représentait tel
que les poètes romanciers dépeignent ces
êtres charmans d'une pure essence, inter-
médiaires entre Dieu et l'homme. L'haleine
du chevalier s'était imprégnée à moi; j'en
étais entourée comme d'un fluide odoreux,
et mes sens étaient émus par un plaisir
inexplicable. Ainsi j'attendis impatiemment
l'aube, et quand je la vis pointer à l'horizon,
je descendis dans le parc pour reconnaître
comment le chevalier s'y était introduit.
Un pan de mur éboulé, des herbages fou-
lés par les pieds d'un dextrier, me mon-
traient la voie. Je parcourus le pavillon,
cherchant en tous ses coins un gage de
lui, et je ne faillis point en telle conjecture;

car parmi mes laines à broder, je trouvai un papier écrit à la craie : j'étais en
tremblaison comme la feuille d'automne,
tandis que je lisais ces lignes mal tra-
cées :

« Je vous obéis et vais mettre entre
nous un grand intervalle ; les jours qu'Eginard n'a pu vous consacrer, appartiendront
à la gloire. Serment d'aimer toujours, à
d'autres ma langue jamais n'en fera. Si
une renommée calomnieuse voulait encore me prêter de viles actions, ne la
redoute près de vous; vous direz ainsi,
Aloïze : Celui dont les passions fougueuses
s'arrêtèrent à mon commandement comme
à la voix de la divinité, n'est point capable
de forfaire. »

Je lus et relus tant ces caractères, et de
pleurs et de baisers je leur fis tant d'effa-

çures, que bientôt je n'y pus plus rien distinguer, et alors je posai le papier sur mon cœur et je l'y laissai jusqu'à ce qu'il y fût consumé.

Je ne pourrais dire exactement comme il en allait de moi à la suite de cette apparition. Tantôt lamenteuse et muable en mon caprice, je voulais et ne voulais; et tantôt de pure allégresse, me rappelant l'ami fidèle, j'étais bienveillante à ravir. Parfin cette effervescence devint humeur paisible. Je surmontai le ressentiment qui me stimulait à connaître la perfidie dont nous avions été les victimes, et, ce faisant, j'évitai de nouveaux chagrins à mon père et à sire de Gombault; d'autant que cette découverte n'avançait à rien qu'à me procurer une vengeance inutile.

Le manoir favori le fut plus que par le passé. Les moindres objets qu'il renfermait semblaient prendre un langage pour me mémorier nos sermens et nos sacrifices. Les jeunes oiselets avaient pris l'essor, d'autres avaient succédé au nid paternel, jamais désert, et ces gentes créatures me payaient ma protection par leurs ramages et doux chants.

Pourtant j'étais devenue fort curieuse touchant les dits de politique, les accueillais avidement. Las! bientôt ne se discourut que de guerres et d'opiniâtres combats; mon imagination, déjà toute portée à doubler mes alarmes, plaçait le chevalier au milieu de périls imminens... Lui, avide de glorieux honneurs. Les uns ne s'acquièrent sans affronter les autres, et il n'est point accordé à tous de les braver impuné-

ment... De ces appréhensions et peurs com-
primées en dedans de moi, il en résulta
un accablement profond auquel je ne
voyais point d'allégeance.

Ainsi me montrai-je, en toute cette
mienne histoire, si chancelante en mes
traverses, les plus souventes fois sans va-
loir ni raison, ballottée par mille idées
contradictoires, sur la voie houleuse des
désirs ou des regrets; de même que la
frêle nef sans gouvernail ni avirons, emmi
les vagues soulevées...

Et je me trouvais en telle importune disposition, lorsque, pour l'aggraver, je reçus
une lettre de Praxède tant triste et mysté-
rieuse en ses phrases entortillées, que je
n'eus plus de doute sur la mort d'Eginard.
J'étais sûre que Praxède ne m'aurait caché

aucun de ses chagrins, et celui-là, horrible
sur tous, je pensais qu'elle me le donnait
à entendre sans s'écarter du silence qu'elle
observait à l'endroit de son frère, comme
si un pacte inviolable l'y asservissait.

Or, à peu de temps de là vint l'anniver-
saire de la mort de ma mère. Je me rendis
à Mexpres, emmantelée de crêpes funèbres,
humble livrée de mon âme; et durant l'office divin, mes soupirs s'exhalaient pour
deux objets au lieu d'un. Requérant à Dieu
de leur être réunie en les célestes pour-
pris; et parce que je me sentais dépérir
chaque jour, je croyais être exaucée, dont
je tirais grand contentement, ne pouvant
plus me souffrir dans ce monde. Mais, bien
qu'importunée par les vœux indiscrets des
hommes, la sage Providence ne les oc-

troye toutes fois, pour savoir mieux cela qui nous convient; et possible que le Tout-Puissant, voulant me châtier de ne savoir endurer mes vicissitudes avec résignation, m'éprouva en la plus juste affection de ma vie.

Sire de Gombault, mon vénérable protecteur et second père, succomba aux ravages de son mal de langueur. Sa constance fléchit, et le danger ne se put plus céler; pourtant, bon par excellence, il souriait en ses douleurs, à ses amis éplorés. Mon père, affecté au complet, vint s'établir à Pouvelle : il semblait que les progrès de la maladie de l'un affectaient la santé de l'autre. Mes forces se ravivèrent à cette nouvelle croix, et ni nuit ni jour, ne voulus quitter le cher malade; me permettant de lui désobéir, m'étant aperçue que ma présence allégeait ses maux. Je pourrais m'étendre prolixement si je voulais écrire les édifians sujets de morale que traitait sire de Gombault en sa maladie; ses motifs de consolation en l'avenir et la futilité des meilleures choses terrestres; et si familier lui était le langage des sublimes vérités, que le père Austin, docte religieux, qui l'assistait en cette extrémité, le tenait pour le juste des justes. Un jour que le seigneur de Pouvelle était en pire état, on vint quérir père Austin en grand' hâte; et il fallait que la cause fût bien grave, puisqu'il sortit incontinent, promettant de revenir sous peu, et il tint parole. Or, quand il fut de retour, il me pria de le laisser seul avec sire de Gombault, de quoi je me troublai involontairement, et peu d'instans après que je fus en ma chambre, père Austin entra et me dit :

De part votre époux, je vous réquiers une grâce d'où dépend le salut d'un malheureux qui est damné s'il ne l'obtient de vous et que la mort le surprenne ainsi.

— Ha! saint homme! que puis-je, moi, dans le désespoir où je me trouve, et qui me peut intéresser quand le bienfaiteur de la contrée va se départir du monde?

— Ha! comme vous, j'en suis marri!... mais celui qui me peine maintenant est un pécheur dont le démon attend l'âme; tandis que celle de sire de Gombault s'en ira sans souillure à la droite de Dieu. Donc, au nom de votre époux, venez sans retard où la charité vous appelle.

En disant ainsi, il m'entraînait cheminant tant vite qu'il pouvait; en bref temps nous arrivâmes en une maison peu distante de Pouvelle, et là, je trouvai sur un grabat, un homme gisant, si je peux donner ce nom à un hideux squelette. A ma vue, les sanglots semblaient rompre sa poitrine, et il me découvrit des crimes dont la connaissance me fit accuser la Providence de mettre sur terre des gens si pervers.

Celui dont il s'agit était Ulric, frère de dame Alix, le même qui suivit mon père en Palestine, et dont m'avait parlé sire de Gombault. Ce méchant, nourri de haine encontre son seigneur à cause de l'affront qu'il s'en était attiré, se conjoignit à sa sœur pour nuire à ma famille. Dame Alix n'en cherchait que trop le moyen, depuis que mon père avait rompu le mariage d'elle avec

le gentilhomme. Contenue par la sévérité
de mon père, elle fit peser son malvouloir
à tourmenter mon enfance comme on l'a
vu, et persévérante en ses desseins damna-
bles, elle jura à son maître Satan de m'empêcher d'être heureuse, ainsi que mon père
l'avait empêchée d'être la légitime femme
du vieux gentilhomme. Elle ourdit la fable
du Trouvère, à laquelle j'ajoutai trop crédule foi. Son frère Ulric, et le fils d'icelui,
écuyer du damoisel, furent participans à
sa manigance et jouèrent leur rôle au vrai;
montrant en leur chacun combien, en
telles menues gens, est ingénieuse et cons-
tante la méchanceté. Mais voilà que sire
de Gombault surprit les secrets de ma gouvernante, le jour même de notre mariage,
et comme elle en connivait à l'écart avec
son neveu, l'écuyer. Craignant l'effet de cet
éclaircissement sur mon père et sur moi,

il se contraignit en notre présence, menaçant dame Alix de punition exemplaire, si elle en disait mot. Sire de Gombault chassa l'écuyer, et dame Alix s'éloigna du pays et se fût encloîtrer en un moustier où elle s'abreuvait de fiel de ne m'avoir faite si à plaindre qu'elle l'aurait voulu.

Voilà cependant que son frère Ulric, en apprenant la fin de son fils, pendu et étranglé par le sire de Jugny, la considéra comme un châtiment de Dieu, et, se sentant poing de contrition, il voulut humblement demander son pardon de moi, le jour que nous partions pour Clermont.

Et sire de Gombault, à celle fin de cacher la vérité, me dit que cet homme était fol, et le fit mener chez les religieux, qui sévèrement le gardèrent. Finalement, il devint aliéné de son bon sens par intervalles, et dans les momens de ses accès furieux, il semblait que son cœur s'allait fendre et sa vie s'ensuivre.

Epouvanté de sa vilaine action, il réclamait miséricorde et rémission, et les moines, en cette occurrence, ne voyant rien de pire que de laisser aller une âme au fin fond de l'enfer, se résolurent à mander père Austin, lequel, de concert avec sire de Gombault, me vint quérir comme on a vu.

Devinez en petit ma stupeur, tandis que j'ouissais ces trahisons... Bien qu'il fût devant mes yeux, le coupable, je ne pouvais concevoir des combinaisons si noires de malice et de perfidie.

A quoi tiennent honneur et vie! me
pensai-je, si le plus vil ennemi peut les at-
taquer avec tant de succès, qu'on ne puisse
se désengluer des panneaux qu'il vous
tend!... Mes yeux noyés en larmes se dé-
tournaient de ce lit, où le vice se montrait
dans toute sa hideur : Ulric s'en aperçut,
car il brama lamentablement :

— Ne me laissez sans pardon, bien que
j'en sois indigne... Ce n'est pour cette vie
que je le requiers... Ah! si votre cœur tout
vertueux pouvait connaître le remords,
vous verriez comme le criminel est jà
puni par lui-même.

Me frappèrent ces mots, en me montrant quelle différence le crime établit entre
le malfaiteur et sa victime ; le tourment de

l'un, le calme de l'autre voire ez plus gran-
des adversités. Ma pensée s'éleva jusqu'au
Tout-Puissant, à celle fin de le bénir et
remercier d'avoir éloigné de moi le plus
petit désir de nâvrer mon prochain, et d'a-
voir mis en mon âme les affections tendres
et bénignes émanées de lui.

C'est moi, dis-je à Ulric, qui serais ré-
préhensible et à blâme tenue, si je n'oc-
troyais votre requête ; et, quoique je n'aie
pu m'empêcher de frémir de tout mon
corps, je ne veux point accabler celui qui
jà est abattu ; et de même que me doit faire
miséricorde un jour le juge à tous, de
même vous la fais tout présentement avec
charité fervente. S'en aille en benoîte paix
votre âme accompagnée du mien pardon,
quand sera écoulé son terme et si longue-

ment vivez (ce que je vous souhaite), met-
tez-la en salut en pratiquant les bonnes
œuvres.

Le spectre se ranima. Ha ! très-piteuse
dame, rien plus ne désirerais, si au vôtre
se joignaient le pardon de celui que j'ai
tant méchamment privé de vous. Voulez dire d'Eginard ? fis-je tout en émoi.
Las ! s'il était habitant de ce monde de
peines, je suis garant pour lui qu'il vous
ferait merci ainsi que je l'ai fait.

Lors il prit tant extrême convulsion à
Ulric, et crissement de dents, que j'en de-
vins peureuse, et je retournai à Pouvelle
plus dolente qu'avant. Sire de Mexpres
vint à ma rencontre. A son maintien bien
me fut appert que tirait à sa fin le seigneur
de Pouvelle. On m'empêcha sa chambre

pour ne lui causer soubresaut en ses derniers actes de religion. J'entendis des chants
pieux; et, n'obéissant plus à rien, je m'é-
lançai devers l'appartement de mon époux.
Bien qu'en agitation convulsive, je me tins
sur l'huis ainsi qu'une statue... Père Austin
administrait l'ultime sacrement à sire de
Gombault, en présence de ses affectionnés
serviteurs et principaux vassaux dont l'affliction laissait mieux ressortir le calme du
mourant.

C'est un spectacle digne des regards du
ciel que la fin de l'homme de bien.

Tôt les assistans éplorés quittèrent l'appartement; sire de Gombaut fit signal à
mon père de rester, et à père Austin et à
moi aussi. Père Austin et mon père s'assi-

rent affaissés, je m'avançai du lit. Approchez, Aloïze, avez toujours reçu mes avis comme venant d'un bon père, et, je crois, ne vous repentez de les avoir suivis. Recevez de même ceux que je vais vous adresser... Ne pleurez pas avec tant d'amertume!! Je paie une dette commune à tous, et peu ont eu des jours aussi sereins que moi. Se doivent spécialement nombrer ceux passés près de vous. Sous cette forme enfantine, vous recelez une bonne séve de droiture et de bon sens, dont vous avez fait usage avec grand discernement et sagesse. Et pour avoir mieux aimé complaire aux autres qu'à vous-même, ma voix affaiblie vous promet une récompense. Comme tuteur et second père, je vous baille et lègue mes fiefs et biens sans restrticion aucune, assuré que je suis du noble emploi que faites des richesses, prétendant qu'après moi soyez autant fortunée en tous points que possible. A tous ces dons je mets pour condition que vous les partirez avec le sire de Jugny.... Pourquoi cette rougeur !...Fait jà long-temps que je lis en votre âme. Le jour de notre hymen me révéla la trame d'Alix : je vous considérai comme une victime. Mes entrailles s'émurent, et je jurai de respecter le bien d'un héros calomnié. Long-temps je laissai tout ignorer à votre père, et j'instruisis Praxède, dont la prudence a justifié l'estime que j'en avais. Le surplus, vous le savez d'Ulric, et à cette heure suprême, il m'est plus agréable me rappeler ce que j'ai fait, que ne l'eût été en mes plus beaux jours l'entière possession de créature si parfaite. Encore dois-je ajouter que ne m'est inconnue la scène du manoir : sans le vouloir, j'en fus témoin. Chère Aloïze, quel sentiment nouveau vous créâ-

tes en moi !... et que vous m'avez payé en
delà de mes bienfaits et de ma tendresse !
Depuis, j'ai su par un de mes amis en qui
j'ai toute fiance, que le chevalier mérite
mon Aloïze ; soyez votre récompense mu-
tuelle, et n'oubliez onc votre ami.

Le mourant se tut, épuisé, tandis qu'en
moi s'entrecombattaient des mouvemens
de gratitude et de douleur. Je savais que
vivait Eginard, me suffisait cette assurance,
et volontiers aurais-je sacrifié ne le voir
plus jamais, pour procurer un soulagement
à mon bienfaiteur. En ma désolation exces-
sive, je m'agenouillai à deux genoux devant
le lit, et à jointes mains, dévotieusement
et du profond de l'âme, je fis cette prière :
Sainte Vierge, copieuse source de consolation, mère des infortunés, conservez-
leur celui qui en nuls momens ne les laissa

sans assistance.... Oh! par votre inter-
cession et pitié, je vous conjure et sup-
plie, tant comme je puis, faites ôter de
mes jours pour ajouter aux siens.

Ne me fut propice la reine du ciel; car
tôt après trépassa sire de Gombault. Son pur
esprit, porté par le bon ange, traversa sans
encombre les saintes régions, et moi, quasi
morte, je cheus en pâmoison sur ce froid
corps inanimé.

Encore maintenant, je ne peux remé-
morier d'un œil sec tant douloureux revers,
juste tribut que réclame de moi le plus
généreux des hommes.

Grande et assortie à l'infortune fut l'affliction de mon père. Leur amitié avait

commencé au temps de leur verdeur, et duré jusqu'à la vieillesse.

Je le peux affirmer; tout objet étranger au regret de ma perte sortit de mon penser, et oncques depuis je n'ai perdu souvenance du vénéré protecteur.

Je mandai venir des ouvriers habiles du pays d'outre-mer, pour élever un mausolée à sire de Gombault, à côté de celui de madame sa tante; ils écrivirent sur le marbre les belles actions de sa vie, mieux engravées par le burin de la reconnaissance dans le cœur de ceux qu'il avait faits heureux.

Nos plus vives douleurs passées, je voulus, autant que le permit ma chétive vertu, suivre ses bons exemples et accomplir ses volontés. Je m'occupai de parachever les travaux suspendus par sa mort: tous avaient

pour but l'intérêt de nos vassaux. Ci, c'é-
tait un hospice destiné aux vieils indigens
et nécessiteux, entretenu aux frais du
pieux fondateur à perpétuité; là, un ma-
récage à dessécher pour assainir l'air et
détruire les émanations pestilentes. Partout
la bienfaisance et partout bénédictions au
bienfaiteur. Mais d'iceux qui le pleuraient
comme un père et un ami, qui devait pleurer et bénir plus que moi celui qui me fut
si débonnaire!

Je restai ainsi un an en deuil et obser-
vances d'honnête veuve. Mais, faut le dire
aussi, la première chansonnette du rossi-
gnolet réveilla convoitise d'aimer : amour,
qui durant ce temps de sombre tristesse
s'était tenu recoi, n'osant quasi remuer; le
pauvret! écarta doucettement l'affliction ,
et si demeura seul en mon cœur.

Décedé sire de Gombault, Praxède me parla de son frère, et m'expliqua ce dont est fait mention plus haut. Vraiment elle avait cru son frère mort, et, ne se pouvant contraindre, elle me le fit pressentir sans neanmoins fausser la promesse que sire de Gombault avait exigée. Eginard lui annonçait son retour avec les richesses et titres dont sire le roy l'avait gratifié, et signait sa missive baron de Jugny.

Icelle lettre d'Eginard que Praxède mit en la sienne me causa un saisissement universel. Et ainsi que j'étais à pourpenser à bien des choses, ma mie Praxède vint de sa personne me visiter en compagnie de monseigneur mon père, et me fut notoire que c'était accord fait entre eux de me surprendre. Praxède s'enquit si je ne ferais

bonté et merci à son frère, qui arrivait pro-
chainement. Je ne pus répondre, saisie que
j'étais à fait, et déconcertée devant mon
père, et me parcourut si subite rougeur,
que j'en clignai mes yeux. Sire de Mexpres
me dit, se souriant coitement : Demain,
Aloïze, vous baillerez votre réponse, pour
demain vous convie à dîner. Mais aujour-
d'hui, bien que vous voulussiez conférer
avec la dame de Pontis, resterez seulette,
pour vous déterminer exempte d'influence
ou pour ou contre le sire de Jugny. O mon
seigneur, ores et à toujours, ainsi soit fait
comme à vous il plaît ! dis-je résignée. Sus
mon père me parut combattu de pitié pa-
ternelle et d'aucun secret projet. Crainte
de faiblir, il s'en fut tout d'un coup, em-
menant Praxède et me laissant à tant de
sentimens confus, et vifs en leur douceur
qu'était presque souffrance.

Je portais encore les vêtemens de deuil,
quoique fût révolu le temps prescrit; et ne
veux expliquer pourquoi je les échangeai
en des blancs très-simples, mais si bien
séyans à mon air, que mieux ne se pouvait.
A l'heure sonnante j'arrivai à Mexpres.

La jonchée odoriférante cachait le pavé
des cours. Les varlets étaient ajustés comme au jour du banquet fraternel, et tout
dans le château avait une joie de fête. Monseigneur mon père m'attendait à val de l'es-
calier, en si obséquieuse façon que je crus
qu'il se jouait de maligne gaîté, et je le lui
remontrai respectueusement; mais, n'en
tenant compte, ainsi il me conduisit en la
salle d'armes, et avec des transports de
lyesse, me signalant du doigt les drapeaux
Sarrasins.

— Voilà le sixième, Aloïze, c'est l'étendard du sultan Noradin : C'est à vous à bailler le prix.... et aussi à le recevoir, ô noble fille ! parce que vous avez, au grand respect de Dieu et de votre père, rempli tous vos devoirs et fait l'orgueil de mes vieux jours.

Les fils de mon entendement s'embrouillèrent au vent de ces paroles. Mon sang se transit en ses conduits; et quand, reprenant sa chaleur, il précipita les battemens de mon cœur tant ému, je me trouvai sur celui du chevalier : monseigneur mon père m'y avait placée lui-même, lui étant avis que ce moyen était le plus court pour me rendre la connaissance.

A cette prospère fin de mes ennuis passés,

je veux faire une pause, par impossibilité de montrer notre bonheur à tous. Et à cause, vais-je court au temps où, sans avoir rien perdu d'une félicité suprême, je pouvais cependant l'envisager.

Etelred de Pontis était venu joindre sa dame et assister à mes noces. Mon père les détermina à quinze journées. La quatorzième, je descendis en la chapelle souterraine où reposait sire de Gombault. Je priai son âme de me protéger du haut séjour, et renouvelai l'obligation de justifier ses bienfaits en imitant, autant que le pourrais, les vertus que je lui avais vu pratiquer.

Et voilà que parut la prime lueur du jour de l'hyménée, et avec elle les chambrières qui venaient me parer; j'étais jà debout et impatienté de recevoir leurs bons offices. Donc elles m'habillèrent d'une robe de brocard d'or fleuretée d'argent, enjolivée et ornée autour du sein de pierreries diverses de grand prix. Sur ma tête et sans couvrir mes cheveux, merveilleusement tressés par leurs doigts habiles, s'élevait une couronne resplendissante de rubis et d'émeraudes; laquelle assujétissait un long voile blanc d'un tissu délicat ondoyant gracieusement jusqu'à terre, et complétait ma parure une riche ceinture à beaux fermaillets d'orfévrerie que m'avait donnée le baron.

Je n'avais encore fini, que monseigneur de Jugny entra dans la cour avec nombreux cortége de dames et chevaliers. Etait radieux mon futur époux, de bonheur, jeunesse et beauté. Je ne pouvais prou le mirer de derrière mes vitreaux, jouissant sans contrainte d'une si chère vue.

La compagnie se dispersa dans les salles, et le baron dit : Dort encore la dame de Gombault ; bien se voit qu'elle n'a été si diligente que moi.

Si n'eût été alors retenue et décence, j'aurais étendu mes bras vers lui, et avec chaleureuse flamme j'aurais répondu : Me voici, j'ai devancé le chant de l'alouette pour ne te faire attendre. Je n'ai clos mes yeux qu'afin de contempler mon avenir avec recueillement et délice. Ah ! beau cher ami et doux ami ! ne se peut sommeiller la nuit qui précède le jour où l'on s'unit à ce qu'on aime !.. Il est distinct celui-là en la plus longue vie, et par après ou devant ne s'y pense sans émoi.

Les dames entrèrent, se riant de ma paresse ; mais, en me voyant prête et atournée,

il leur resta démontré, ainsi qu'au baron,
que j'avais été autant diligente que lui.
Puis ce fut le tour de mon père; lequel
vint à moi, et d'air solennel me posa sur
le chef un chaperon de vierge, et en telle
qualification inespérée, me présenta au sire
de Jugny.

En sa surprise et ravissement, Eginard
me prit de ses bras avec tendresse extrême;
et moi, dérobant en son sein mon visage
rouge de ma pudeur et de ses baisers, je
dis comme sire de Gombault avait été mon
second père et mie rien plus.

Et en cet endroit de cette mienne histoire, séduite par un magique souvenir,
inattentive à mon travail, j'ai du tout ral-
lenti ma plume : me croyais reportée à
jadis. Les années rapides, s'abîmant dans
le goufre du passé, le moment d'alors et le
moment présent s'étaient rejoints sans nul

compte de l'intervalle ; une petite brise d'un vent chaud et parfumé, m'apportait en faible écho le retentissement de voix joyeuses ; toute la contrée célébrait mon hymen! Il me semblait voir l'autel où je venais d'être épousée, brillant d'azur et d'or à la clarté de mille cierges. Le chapelain et moi étions restés seulets, comme en advint il fait trente ans, sus j'ai dit au fantôme, qui vrai me paraissait : si vous en savez, dont le cœur soit en détresse, envoyez-les moi sans demeure : il m'est facile de trouver dans le mien des consolations pour eux. Si vous en savez dont les maux provenant d'indigence et dénûment ne se dissipent par des accens emmiellés, mais par des secours positifs et soutenus, tôt faites-les venir, ma main généreusement prodiguë épuisera mes trésors : en ce jour d'allégresse ne se doit répandre que des larmes de joie.

— Hé ! baronne , réservez au moins un cadeau à votre bru qui vient de mettre à lumière un *biau* gars , m'a dit en riant fort le baron de Jugny, qui m'avait écoutée en silence.

— Me suis virée toute honteuse, et comme sortant d'un rêve (d'iceux qui colorent les joues en la primeur des ans).

— Eginard , ai-je répondu, avec un restant de prestige, vous dissipez une agréable fiction, pour une chère vérité ; c'est vrai, mais en mon cœur il y avait place pour les deux.

— Deà, châtelaine, je doute parfois de votre sens , vous voyant substantée de telles vides chimères : Aloïze , ma mie, vous êtes mère grand ! ce m'a dit le baron.

Et donc je vous fais juge. Ne suis-je pas en mon droit ; lorsque je soutiens que le sentiment d'aimer chez les hommes est bref

et flamboyant comme un feu de gerbe sè-
che? il prend sa vivacité en l'ardeur des sens
et la force de l'âge. Mais ne survit à la décadence des deux l'affection douce et tendre
beau présent du ciel; voire même il en
est qui, en leur aridité n'en font pas plus de
cas que d'un fabliau frivole; et de là vient
qu'ils sont inhabiles iceux à pénétrer dans les
replis du cœur, où se trouvent de tant gen-
tils secrets que devine notre sexe, et sait
mettre au jour avec délicatesse.

S'achève ici ma digression, et se reprend
la fin de ce récit. Veuve de sire de Gombault, pour damoiselle en tous points me
tint mon deuxième mari, et dans les déduits
de l'hymen, nous mêlâmes son souvenir
sacré à nos chastes jouissances.

En ces nuits de privautés, ainsi me priait

d'amour Eginard : Ha ! ma mie, viens ça,
Reste proche à moi. Que je te sente respi-
rer.... je ne voudrais dormir, crainte qu'un
somme imposteur ne te représente absente;
et, si nature déçoit mon vouloir, ha! reste
le plus proche possible, pour qu'à mon
réveil je n'aie la fâcherie de me croire
seul.

— Voire, lui dis-je, quand et quand,
se doit obéissance à l'époux: mais jamais
il n'en sera de mieux exactement observée... et soumise sans effort ne m'écartais
d'une palme.

Heur inconstant, joies passagères! puisque notre apparition sur terre est si courte;
pourquoi ne durez-vous autant que nous?

Dans le laborieux métier d'épouse, je
n'ai point été infructueuse : ma nombreuse

lignée s'est accrue, à ma gloire et satisfaction, et si neuve est en moi la souvenance des jeunes ans, que, malgré ma raison, je me sens plus de tendresse pour iceux de mes fils en qui je découvre un trait ou une grâce du *damoisel*.

Sire de Mexpres, mon père, vécut assez pour voir éclore mes jeunes rejetons. Ma mie Praxède, son époux et leurs enfans sont fixés auprès de nous.

Dame Alix, perverse jusqu'au bout, mourut en témoignant le regret de n'avoir pas achevé son cruel stratagème. Ulric, amendé sincèrement, s'enfroqua et passa sa vie en macérations et pénitences.

Donques, ici, après l'avoir mis à conclusion, je vais faire clos ce livret, voulant qu'il soit déposé aux archives de ma fa-

mille, et qu'il y soit tenu en grand'vénération; l'ayant écrit et narré pour l'en-
seignement de mes fils et descendans
d'iceux, afin que, dans leurs tribulations en
cette vallée d'épreuves, ils soient confians
et dévots à cette divine Providence qui
n'abandonne jamais ceux qui cheminent
droit et hardiment dans le chemin de la
vertu.

FIN.

imposture! honteuse adulation! de par Dieu!
— L'arc de la gloire au-dessus de ce front
où le vrai français n'a jamais lu qu'infamie
et lâcheté !... Mes flagorneurs bons bour-
geois, que pourriez-vous élever maintenant à
la gloire du Napoléon qui vous visiterait?...
Exhumeriez-vous cet arc de triomphe que
vous avez prostitué? Vous en rougiriez!...

Que cet arc de triomphe pourrisse donc
sous la fange qui le couvre; — et criez : infamie! à la main qui l'oserait secouer!..—Ce
doit être pour vous ce haillon, seule fortune
du sorcier, et que brûlait avec lui, sans
qu'une main d'homme osât y toucher, la justice des siècles derniers.

Du reste — abstraction faite de l'idée sym-
bolique attachée aux monumens de ce nom—
l'arc de triomphe de monsieur le secrétaire de
la mairie, est en tout point digne du héros qui
l'a fait ériger.—C'est assez clairement exprimer que l'esprit du lecteur ne doit point se
figurer cette masse architecturale de pierres
festonnées, que couronne une élégante cor

9 782019 910778